즐거운 클래식기타 4
CLASSIC GUITAR METHOD
by Byung Hoon, Heo

| 중급편 | 허병훈 편저

04

인 사 말

이 책은 초급, 중급, 고급편에 걸쳐 전 8권으로 이루어져 있습니다.

초급편 1, 2, 3권은 취학 전 어린이부터 성인까지 누구라도 즐겁게 기타에 입문할 수 있도록 쉽고 간단한 내용들로 엮었습니다.

특히, 유·소년 소녀들의 기타 조기교육에 초점을 맞추어 모든 학습에 어려움이 없도록 단계별로 순차성 있는 구성을 하였습니다.

중급편 4, 5권은 각 조에 대한 이해와 그에 따른 기본기를 습득하면서 점차 높은 기능의 양손 만들기가 시작됩니다. 왼손 포지션 확장과 착지 기술들, 다양해지는 오른손의 탄현 메커니즘이 흥미롭게 전개됩니다. 4, 5권부터 〈매일기본연습〉이 병행됩니다.

고급편 6, 7, 8권 부터는 악곡에 표정과 기술을 불어넣는 작업을 합니다. 높아가는 연주기술에 부응하기 위한 규칙적인 매일 연습의 필요성이 강조됩니다. 필요한 기술 습득과 음악에 대한 이해는 물론 연주력 향상에 있어 매우 중시되고 있는 음량, 음색, 속도에 관한 탐색과 훈련이 구체화되기 시작합니다. 특히 8권은 연주의 고도화를 위한 준비 단계로서 '테크닉 트레이닝(Technique Training)'에 중점을 둔 심도 있는 학습을 합니다.

8권 이후의 과정은 보다 전문적이고 강도 높은 내용의 학습이어야 할 것입니다. 이에 대한 것은 시간을 더 두고 모색하기로 하고, 우선 이 책을 이용하시는 모든 분들에게 지속적인 발전과 큰 성과가 있기를 기대합니다.

모든 학습의 최종목표는 고도화된 연주에 있습니다. 고도화를 향한 긴 여정에서 이 책이 작으나마 한 걸음 보탬이 되기를 희망합니다.

2008. 6

허 병 훈

4, 5권은 중급편 교재입니다.

중급편부터는 높아가는 수준에 부응하기 위한 〈매일기본연습〉과 각 조에 딸린 〈매일연습〉을 병행하여 학습합니다.

〈매일기본연습〉은 양손 동작의 독립과 유기성에 관한 훈련으로서 양손의 순발력과 지구력, 그리고 독립적인 동작들을 끌어내기 위한 연습입니다. 각 조에 딸린 〈매일연습〉은 기본 음계, 화음, 분산화음, 3도, 8도 등으로 이루어져 있는데, 이는 각 조에 있는 작품들을 공부하기 전에 미리 알아두지 않으면 안 되는 조의 구조와 기술들을 익혀두기 위함입니다.

새롭게 나오는 여러 기법들이 있습니다. 그 가운데 아뽀얀도, 꾸밈음, 하모닉스, 조현법, 비브라토 등이 주요 학습 내용입니다. 처음 시작할 때 성급하게 하지 않는 것이 무엇보다 중요합니다. 한 번 잘못된 습관이 들면 어떤 것들은 평생 동안 어려운 기술로 남게 되기 때문입니다. 천천히 바르게 시작하여 고도화의 과정에 들어가서도 지장이 없도록 해야 하겠습니다.

하이 포지션 장음계는 왼손의 착지반경을 넓게 해주고, 분산화음은 개개의 오른 손가락의 독립을 돕는 연습입니다.

음계연습은 양손을 동시에 훈련시키는데 있어 없어서는 안 될 가장 중요한 연습입니다. 대체로 학습자들이 분산화음은 곧잘 연습하는데 반해 음계연습은 건조한 음의 나열로 생각하여 기피하는 경향이 있습니다. 이는 잘못된 생각입니다. 음계연습은 아무리 강조해도 지나침이 없는 모든 음악적 기술훈련의 보고입니다. 음계연습은 각 조의 과정들이 끝날 때까지 쉬지 않고 반드시 반복훈련을 해야 합니다. 기본이 튼튼하지 않고는 지속적인 발전은 없습니다.

4, 5권은 기본연습에 바탕을 두고 여러 조와 그에 딸린 다양한 작품들을 공부합니다. 학습 향상을 위해 각 과정에 있는 곡이나 주법에 대한 연습도 소홀이 할 수 없지만, 언제나 먼저 〈매일기본연습〉을 충실히 이행함으로써 지속적인 성장을 꾀할 수 있어야 합니다.

기본적인 악상기호와 용어

빠르기말 (곡의 연주 속도)

메트로놈 숫자

Largo(라르고)	느리고 폭 넓게	46
Lento(렌토)	느리고 무겁게	52
Larghetto(라르게토)	라르고 보다 느리지 않게	56
Adagio(아다지오)	렌토 보다 느리지 않게	60
Andante(안단테)	느린 걸음걸이의 빠르기	70
Andantino(안단티노)	조금 느린 걸음걸이의 빠르기	80
Moderato(모데라토)	보통 빠르기	100
Allegretto(알레그레토)	조금 빠르게	108
Allegro(알레그로)	빠르게	120

셈여림말 (음의 세기)

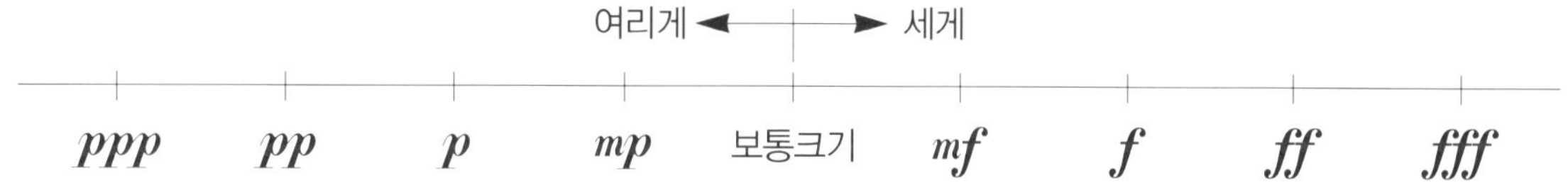

ppp (pianississimo 피아니시시모)	매우 매우 여리게
pp (pianissimo 피아니시모)	매우 여리게
p (piano 피아노)	여리게
mp (mezzo piano 메조피아노)	조금 여리게
mf (mezzo forte 메조 포르테)	조금 세게
f (forte 포르테)	세게
ff (fortissimo 포르티시모)	매우 세게
fff (fortississimo 포르티시시모)	매우 매우 세게

cresc. (crescendo 크레센도) —————————————————————————————————— 점점 세게

decresc. (decrescendo 데크레센도) ——————————————————————————— 점점 여리게

sf (sforzando 스포르잔도) ··· 갑자기 세게

rf (rinforzando 린포르잔도) ·· 그 음을 세게

pf (piano forte 피아노 포르테) ·· 여리게 이어서 세게

fp (forte piano 포르테 피아노) ·· 세게 이어서 여리게

dim. (diminuendo 디미누엔도) ·· 점점 여리게 사라지듯이

표정 나타냄말과 기호 (악구, 악곡의 표정)

a tempo (아 템포) ··· 본디 빠르기로

accel. (accelerando 아첼레란도) ·· 점점 빠르게

rit. (ritardando 리타르단도) ·· 점점 느리게

rall. (rallentando 랄렌탄도) ·· 점점 느리게

⌒ (fermata 페르마타) ··· 본래음 길이보다 2, 3배 늘여서

• (staccato 스타카토) ··· 음을 짧게 끊어줌

— (tenuto 테누토) ·· 음의 길이를 충분히

➤ (accento 악센토) ··· 그 음은 세게

grazioso (그라지오소) ·· 우아하게

espressivo (에스프레시보) = espressione ································· 표정을 넣어

dolce (돌체) ··· 부드럽게 아름답게

악곡 형식(3, 4, 5권 중에서)

왈츠 ··········· Waltz[영], Walzer[독], Valzer[이], Valse[프], Vals[스] 18세기말 오스트리아 바이른 지방에서 발생한 약간 빠른 $\frac{3}{8}$박자의 무곡이다. 렌틀러〈Ländler〉와 란가우스〈Langaus〉가 원류.

론도 ·········· Rondo. 프랑스의 롱도〈Rondeau〉에서 유래되었으며, 자주 반복되는 주제부와 삽입부로 이루어져 있다. 기악곡이 발달한 고전파 시대에 완성됨.

야상곡 ········ Nocturne 녹턴[영], Nocturno[스] 아일랜드 작곡가 존 필드가 처음 피아노 곡으로 작곡하였고, 쇼팽에 의해 예술적으로 격상되었다. 낭만적 성격의 악곡으로 대개 느린 템포이며 꿈꾸는 듯한 악상을 주로 함.

미뉴에트 ······ Minuet[영], Menuet[프], Minuetto[이] 프랑스어의 형용사 menu〈작은〉에서 나온 말이며 스텝이 작은 춤이라는 뜻이다. 17세기 중엽 루이14세에 의해 궁중에 도입되었다. $\frac{3}{4}$박자 8마디 형식.

로망스 ········ Romance[영], Romanza[이.스], Romanze[독] 간결한 이야기풍의 유절가곡(제1절에 붙여진 선율을 되풀이하는 가곡 예)동요, 가곡, 민요, 찬송가)을 말한다. 서정적이고 공상적인 세계를 표현한다.

행진곡 ········ Marcia 마르시아[이], March[영], Marcha[스] 행진을 묘사하며 단순 명쾌한 리듬과 규칙적인 프레이즈의 2박자 곡이다. 느린 템포의 곡은 4박자를 사용하는 경우가 많다.

렌틀러 ········ Ländler[독] 오스트리아의 느린 3박자 민속무용곡으로 19세기 초에 유행하였다.

뱃노래 ········ Barcarole 바카롤레[영], Barcarolle[프], Barcarola[이] 뱃노래. 베네치아의 곤돌라 사공이 부르는 노래에서 유래된 곡이다. $\frac{6}{8}$박자 느린 템포의 곡으로 파도나 배가 흔들리는 느낌을 나타낸다.

마주르카 ······ Mazurka[각국공통], Mazourka[영], Mazurca[이.스] 폴란드의 마조푸세 지방에서 유래한 마주르〈Mazur〉에 기원을 두고 있으며 빠른 3박자로 종종 부점리듬을 지닌다. 여린박(제2, 3박)에 번갈아 액센트가 놓이지만 프레이즈의 끝에서는 제1박이 강조된다. 쇼팽, 시마노프스키, 비에냐프스키 등이 연주 음악으로까지 수준을 높였다.

기상곡 ········ Capriccio 카프리치오[이], Caprice[프] 기상곡(奇想曲), 광상곡으로 불려지는 이 곡의 형식은 흔히 겹세도막 형식으로 작곡되는 유쾌하고 변덕스런 성격의 기악소곡에 붙여진 명칭이다.

전주곡 ········ Prelude 프렐류드[영], Preludio[이.스] 개시 또는 도입의 역할을 했던 악곡으로 19세기의 쇼팽, 리스트, 드뷔시에 이르러 자유로운 성격을 표방하는 독립된 악곡 형식으로 자리잡았다.

기타에는 두 가지의 전통적인 줄 퉁김법이 있습니다. 흔히 알 아이레(al aire, 허공으로)라고 부르는 띠란도 주법과 아뽀얀도 주법입니다.

띠란도(tirando)는 띠라르(tirar, 던지다)동사에서, 아뽀얀도(apoyando)는 아뽀야르(apoyar, 기대다)동사에서 나온 스페인어 입니다.

띠란도는 줄을 퉁긴 후에 손가락이 허공에 있는 것이고, 아뽀얀도는 줄을 퉁긴 후 그 손가락이 다음 줄에 기대어 머무는 주법입니다. 간간히 악보상에서 띠란도는 ⊔로, 아뽀얀도는 ⋃로 표기되기도 합니다.

띠란도(⊔)

이 주법은 알 아이레(허공으로)로 줄을 퉁기므로 자연스럽게 손가락을 동작하는 자유 탄주법 입니다. 그러나 줄 간격을 벗어나지 않는 일정 동작의 손놀림이 요구되므로 세심한 주의가 있어야 합니다. 손가락이 줄에서 멀리 있거나, 너무 가까이 있지 않도록 해야 하며, 무엇보다도 손이 흔들리지 않도록 해야 합니다. 특히 띠란도 주법에서 줄을 중심으로 전후 동작(퉁기기 전, 퉁기고 난 후의 동작)이 일정한지, 손 자세는 흔들림이 없는지 잘 관찰하면서 훈련해야 합니다.

아뽀얀도(⋃)

줄을 퉁긴 손가락이 다음 줄에 머물기 때문에 그만큼 손가락에 무게를 실어 줄을 타격할 수 있습니다. 이런 점에서 일반적으로 아뽀얀도가 띠란도 보다 큰 소리를 얻는 것이기도 하지만, 이 주법은 여러 제약이 있어 선택적으로 사용할 수밖에 없습니다.
예를 들면, 인접한 줄에 있는 화음, 빠른 분산화음, 줄을 건너뛰는 동작 등에서는 사용이 어렵습니다. 이런 이유 때문에 대개 단음(단선율, 특정음 부분 강조 등) 혹은 부분적인 중음(줄 간격이 멀수록 좋다)에서만 아뽀얀도가 가능합니다. 아뽀얀도는 기능의 특성상 많은 주의가 요구되므로 선생님의 지침에 따라 조심스럽게 학습하는 것이 좋습니다.

아뽀얀도 훈련

처음 기타를 시작하면서 막무가내로 아뽀얀도를 띠란도와 함께 사용하는 경우가 적지 않은데 많은 혼란이 야기됩니다. 기초 동작이 서투른 상태에서 서로 다른 손동작의 혼용은 음량의 편차와 음가의 불균형을 불러일으켜 학습에 큰 장애와 문제를 유발합니다. 이 책은 4권에 들어가서야 이에 대한 훈련을 권하고 있습니다.
아뽀얀도 주법은 먼저 오른손 자세가 안정되고 각 손가락이 확실하게 띠란도 주법을 습득한 후에 익혀도 늦지 않습니다.
아뽀얀도는 남용되어서도 안 되고 또 이로 인한 오른손의 불편과 잘못된 동작들이 생겨

난다면 이 주법은 처음부터 사용 안 하는 것이 좋다고 말하고 싶습니다. 현재 연주가들 중에는 따란도 주법만 사용하는 사람들도 있다는 것을 참고하기 바랍니다.

1) 오른손 중지(m)의 손톱을 검지(i)와 약지(a)에 비하여 조금 더 짧게 깎는 것이 좋습니다. 중지는 줄을 퉁길 때 관절의 유격(움직이는 폭)이 모든 손가락 중에서 가장 크기 때문입니다.
   손목 흔들림의 여러 가지 원인 중에서 가장 큰 원인은 바로 중지(m)의 아뽀얀도 주법에서 생깁니다. 중지의 동작이 안정적이기를 바란다면 동작은 물론 손톱길이도 다른 손가락보다 짧게 해두는 것이 좋습니다.

2) 다음 줄에 손가락 끝부분이 머물 때 손톱 끝만 겨우 줄에 닿는 위태한 기댐은 피해야 합니다. 왜냐하면, 이뽀얀도는 줄에 대한 터치각이 따란도와 다르기 때문입니다.
   결론만 말하면 다음 줄에 머무는 손가락 끝의 접점부위는 손톱이 아니라 보다 위쪽(⊔ : 손끝 살에서 3mm~4mm 내외)인 살에 충분히 닿아야 안정적인 기댐 주법이 됩니다.

3) 따란도는 손목이 앞판과 떨어져 있을수록 손가락을 자연스럽게 굽혀 자유탄주를 용이하게 하는 반면, 아뽀얀도는 손목과 앞판과의 간격이 따란도 때보다 좁을수록 기댐주법이 안정감 있게 사용됩니다. 뿐만 아니라 따란도는 손가락의 2, 3관절을 아뽀얀도보다 굽히는 것이 좋고, 아뽀얀도는 따란도 보다 펴서 사용하는 것이 좋습니다.
   따란도와 아뽀얀도를 균형 있게 연마해야 합니다. 특정 손가락만 익히지 않도록 합니다. 항상 고르게 모든 손가락을 훈련하는 것이 바른 학습입니다.

• 제1형태

• 제2형태

• 제3형태

매일기본연습(Every Day Technique Training)

순발력(Velocidad)기르기　　**오른손**〈매일기본연습〉

• 제1형태

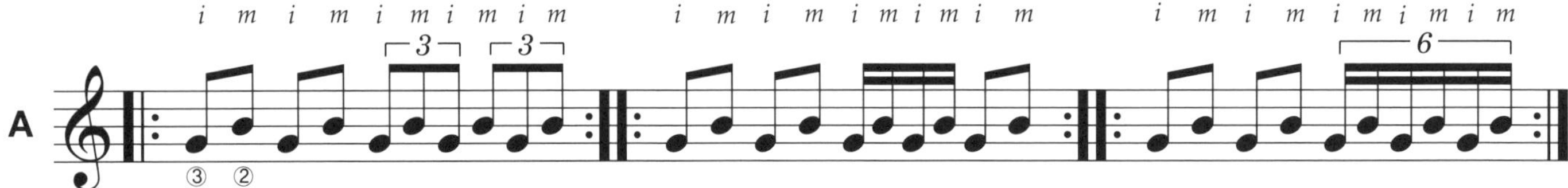

형식	오른손	주 법
1	im교대	
2	ma교대	⊔ · ⋃
3	ia교대	띠란도　　아뽀얀도
4	pi교대	⊔

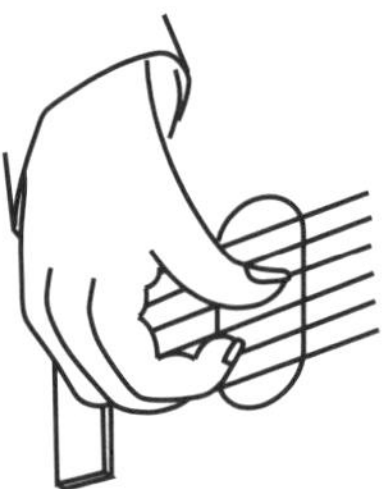

• 제2형태

형식	오른손	주 법
5	mi교대	
6	am교대	⊔ · ⋃
7	ai교대	
8	ip교대	⊔

양손〈매일기본연습〉

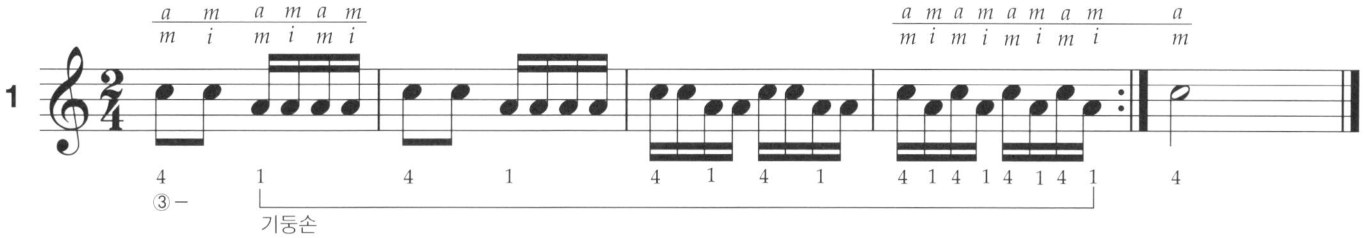

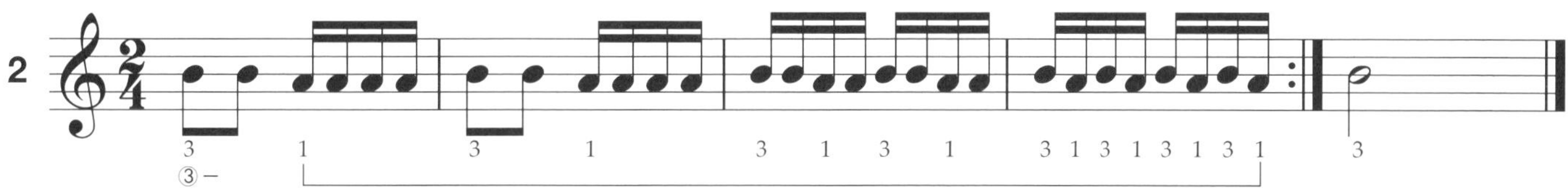

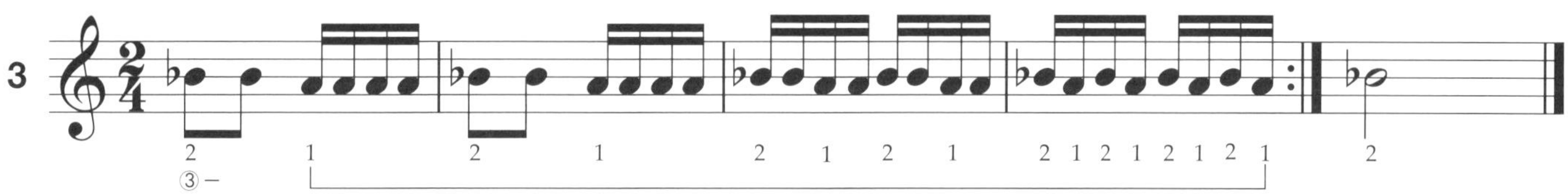

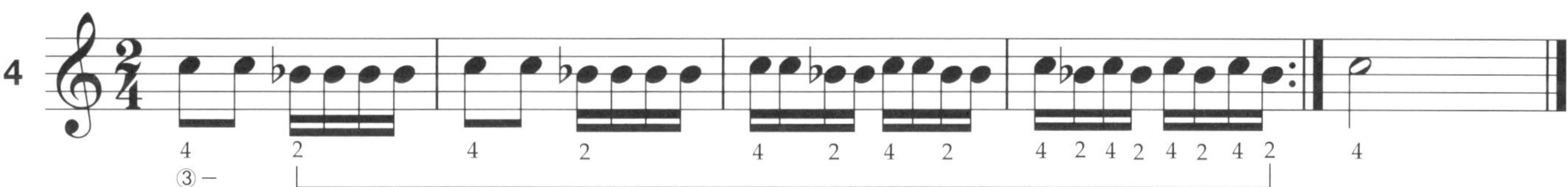

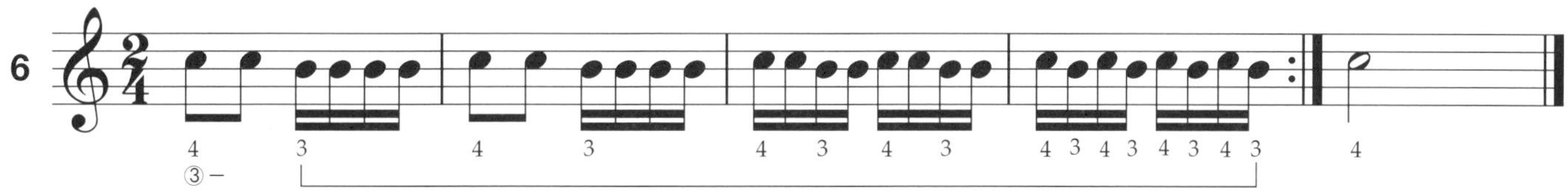

a m a m a m a m
m i m i m i
a m a m a m a m a
m i m i m i m i m
4 1 4 1 4 1 4 1 4 1 4 1 4 1 4
③ -
기둥손

3 1 3 1 3 1 3 1 3 1 3 1 3 1 3
③ -

2 1 2 1 2 1 2 1 2 1 2 1 2 1 2
③ -

4 2 4 2 4 2 4 2 4 2 4 2 4 2 4
③ -

3 2 3 2 3 2 3 2 3 2 3 2 3 2 3
③ -

4 3 4 3 4 3 4 3 4 3 4 3 4 3 4
③ -

리가도(Ligado[스], 슬러 Slur[영])　　**왼손**〈매일기본연습〉

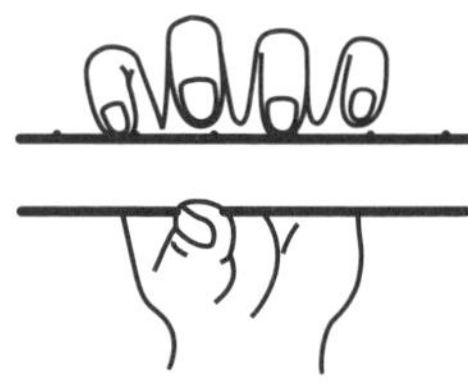

※ 리가도는 연결하다, 잇다 라는 뜻의 스페인어 Ligar 동사에서 나온 말입니다.

먼저 리가도 없이 하나하나 퉁겨봅니다.

상행 리가도에서 왼손가락을 바르게 굽혀 줄을 찍고, 하행 리가도에서는 찍은 그 손가락으로 줄을 잡아당기는

듯 했다가 놓아 상,하 리가도 소리가 확실하게 들리도록 합니다.

정교한 리가도 소리를 얻기 위하여 이웃줄을 건드리지 않도록 합니다.

하행 리가도에서 왼손가락이 아랫줄에 머무는 '리가도 아포얀도' 사용은 삼가합니다.

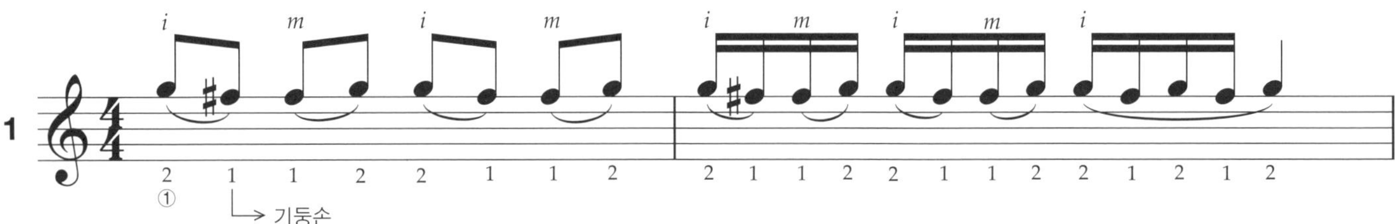

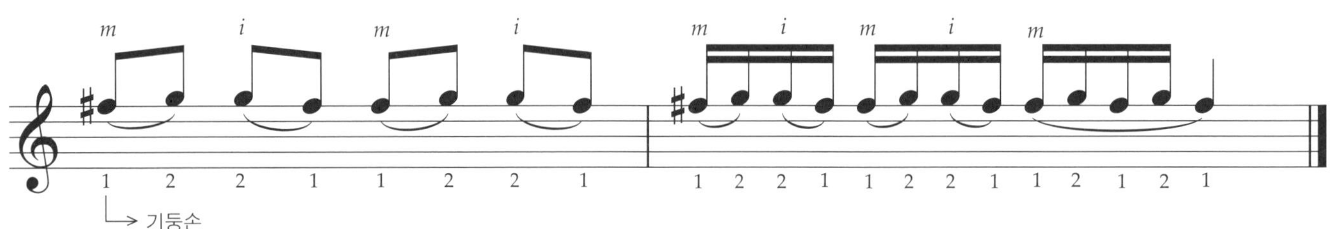

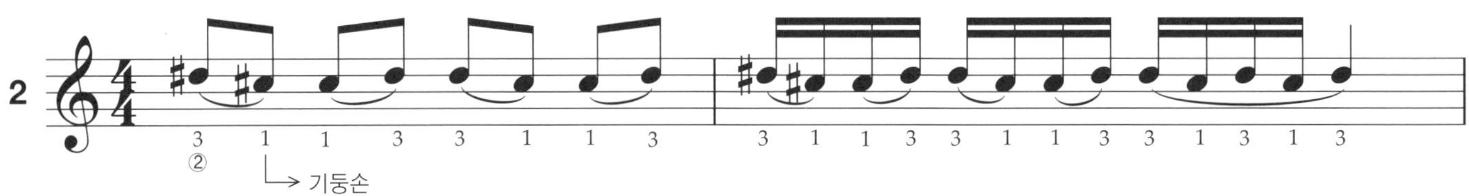

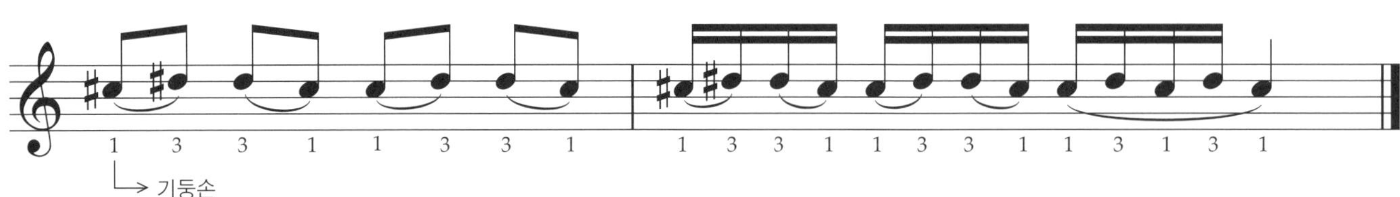

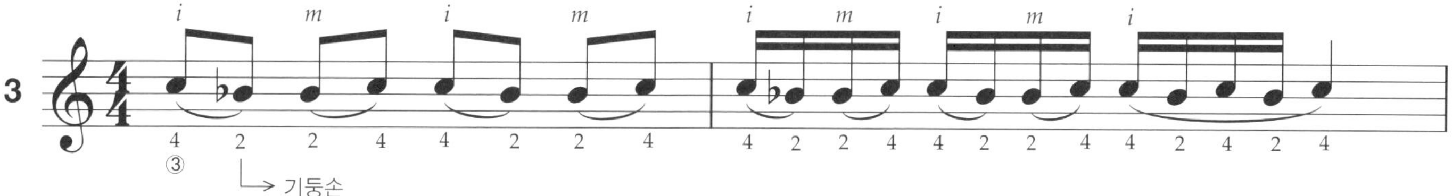

i m i m i m i m i
3
4 2 2 4 4 2 2 4 4 2 2 4 4 2 2 4 4 2 2 4
③ 기둥손

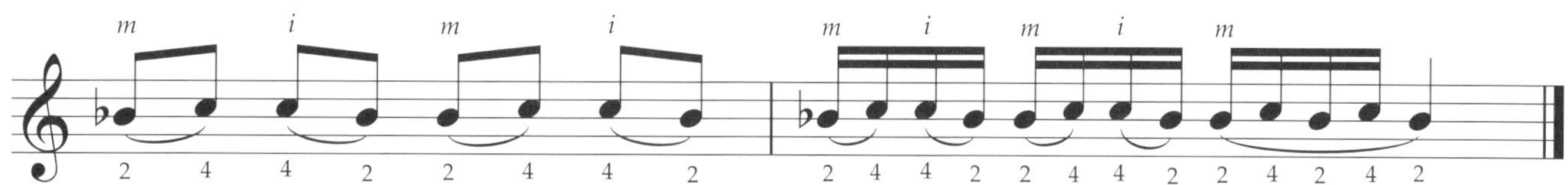

m i m i m i m i m
2 4 4 2 2 4 4 2 2 4 4 2 2 4 4 2 2 4 2 4 2

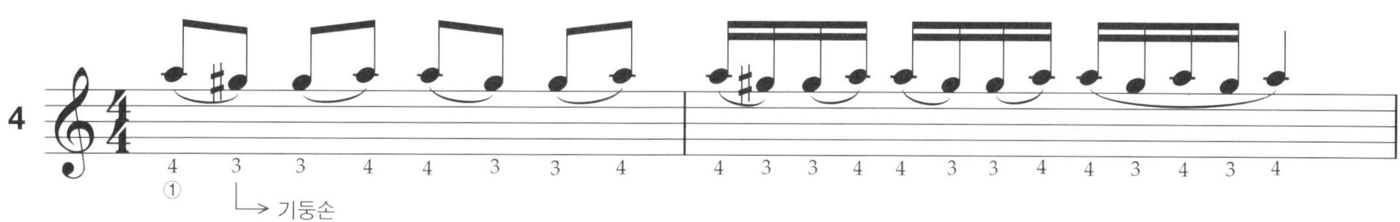

4
4 3 3 4 4 3 3 4 4 3 3 4 4 3 3 4 4 3 3 4
① 기둥손

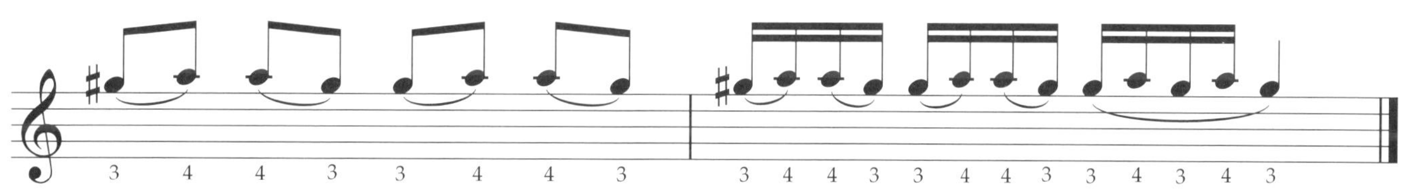

3 4 4 3 3 4 4 3 3 4 4 3 3 4 4 3 3 4 3 4 3

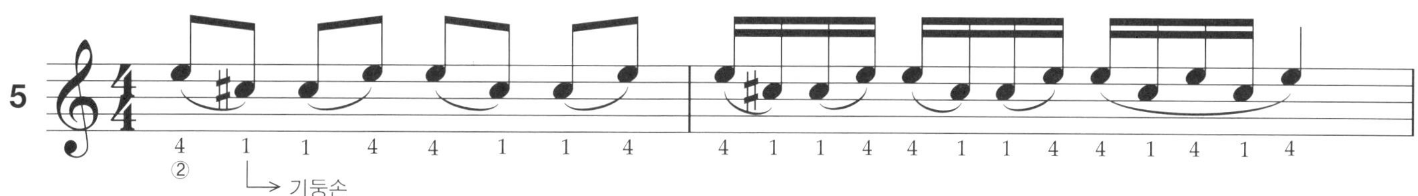

5
4 1 1 4 4 1 1 4 4 1 1 4 4 1 1 4 4 1 4 1 4
② 기둥손

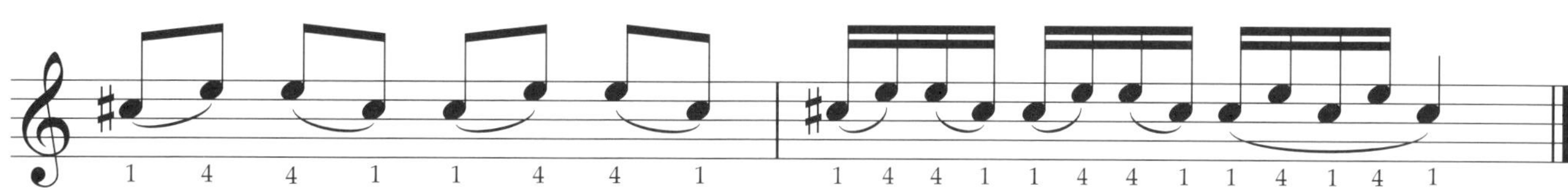

1 4 4 1 1 4 4 1 1 4 4 1 1 4 4 1 1 4 1 4 1

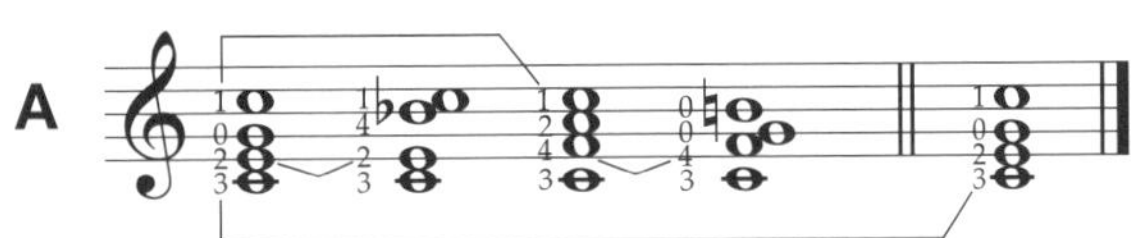

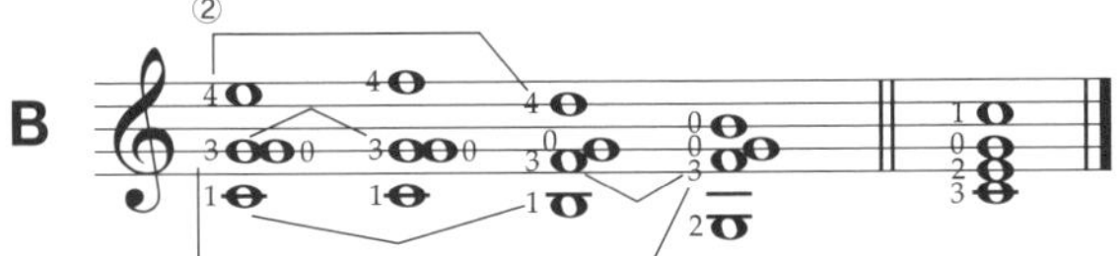

• 1형태

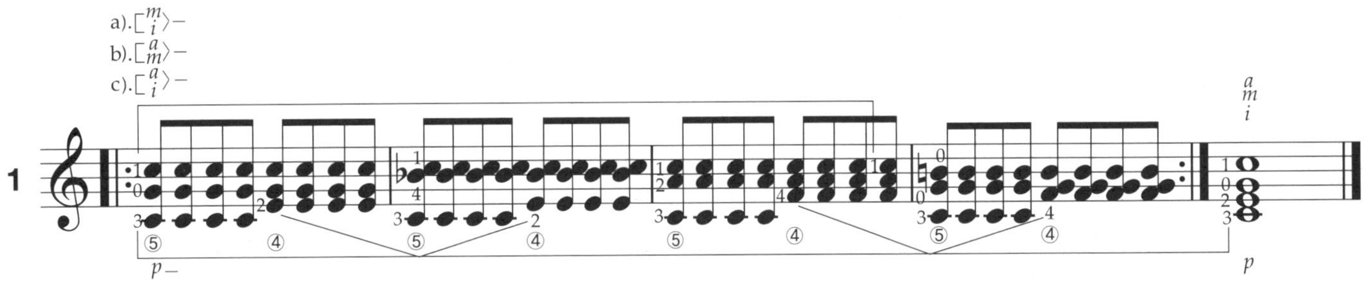

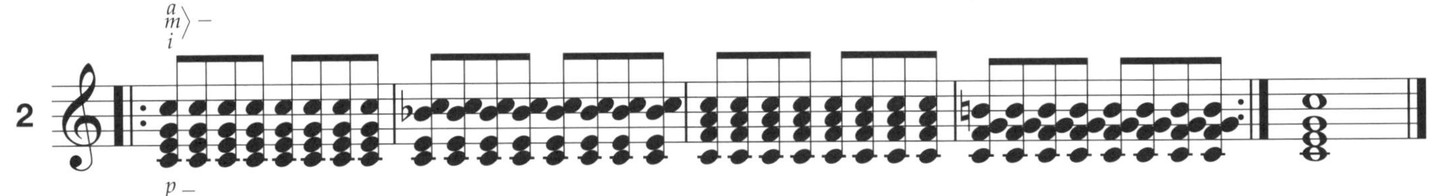

• 2형태

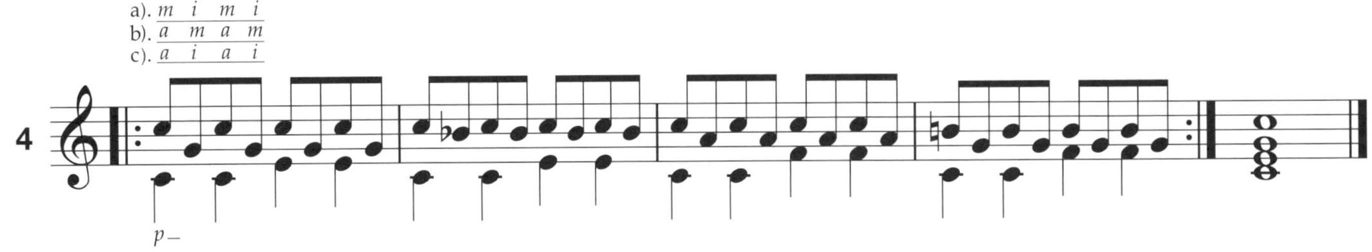

• 3형태

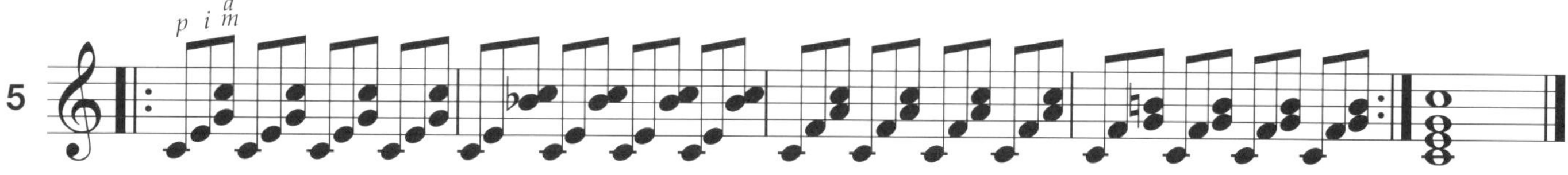

• 4형태

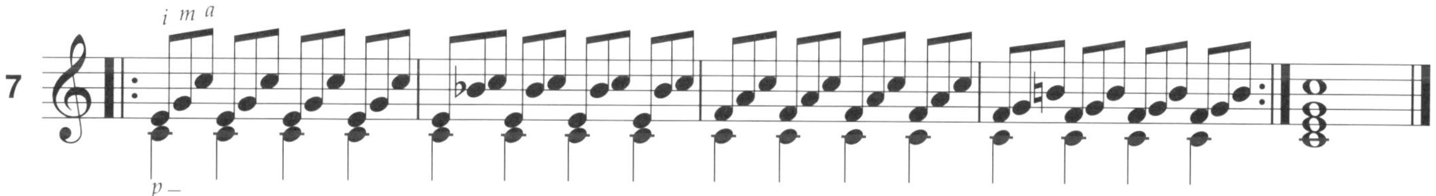

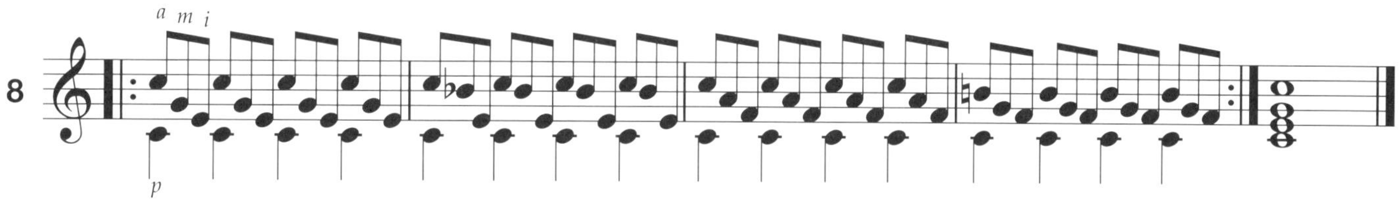

• 5형태

• 6형태

i m a m i m a m
→ 12 형식 끝까지 3번 기둥손가락
10
p
a
m
i
p
a). a m i m
b). a i p i
c). m i p i
11
p
a i m i
12
p

왼손〈매일기본연습〉

동시에 여러 줄을 누르지 않도록 합니다. 분산화음의 순서를 따라 하나씩 눌러줍니다.

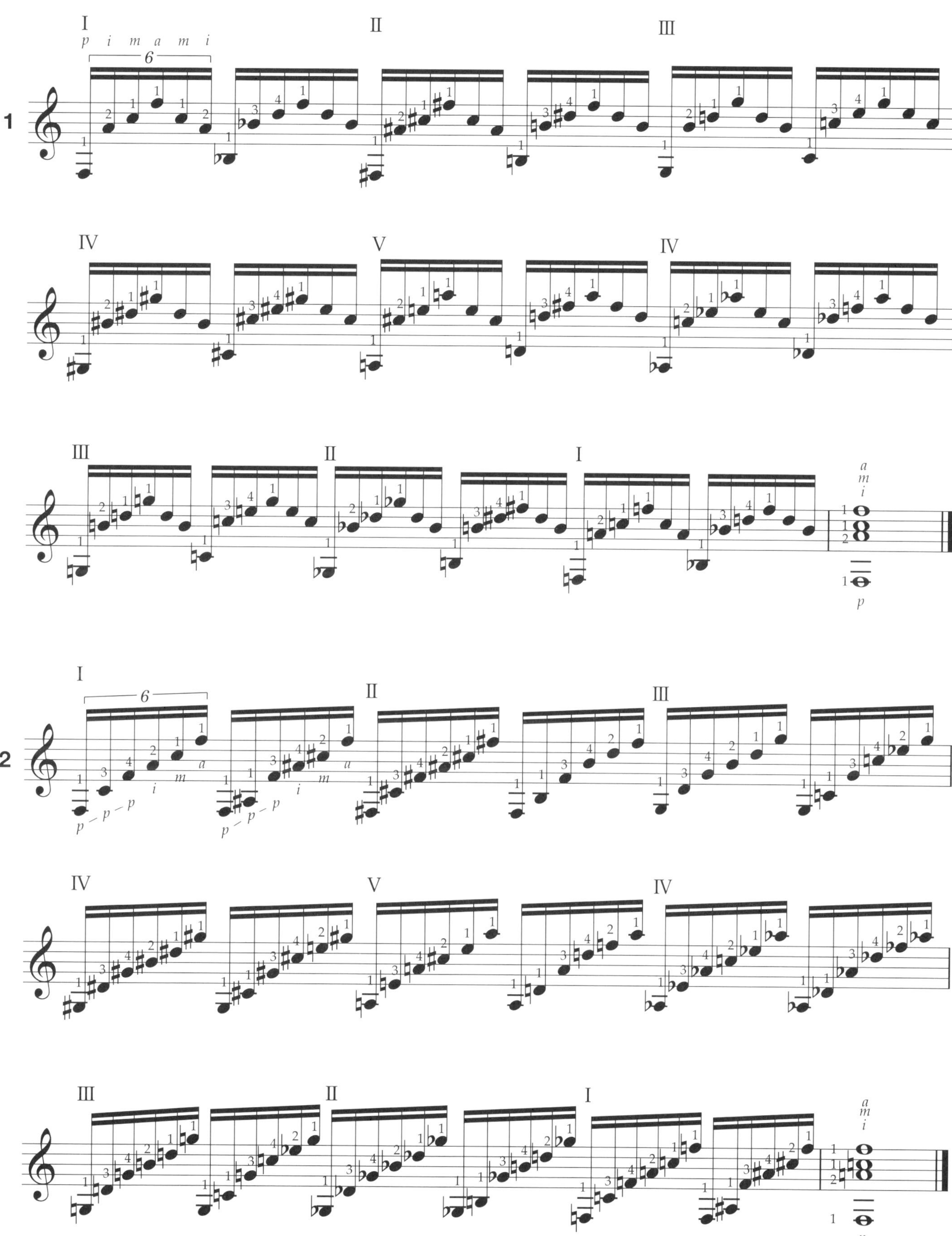

다장조 (C Major)

〈매일연습〉

다장조 음계(C Major Scale)

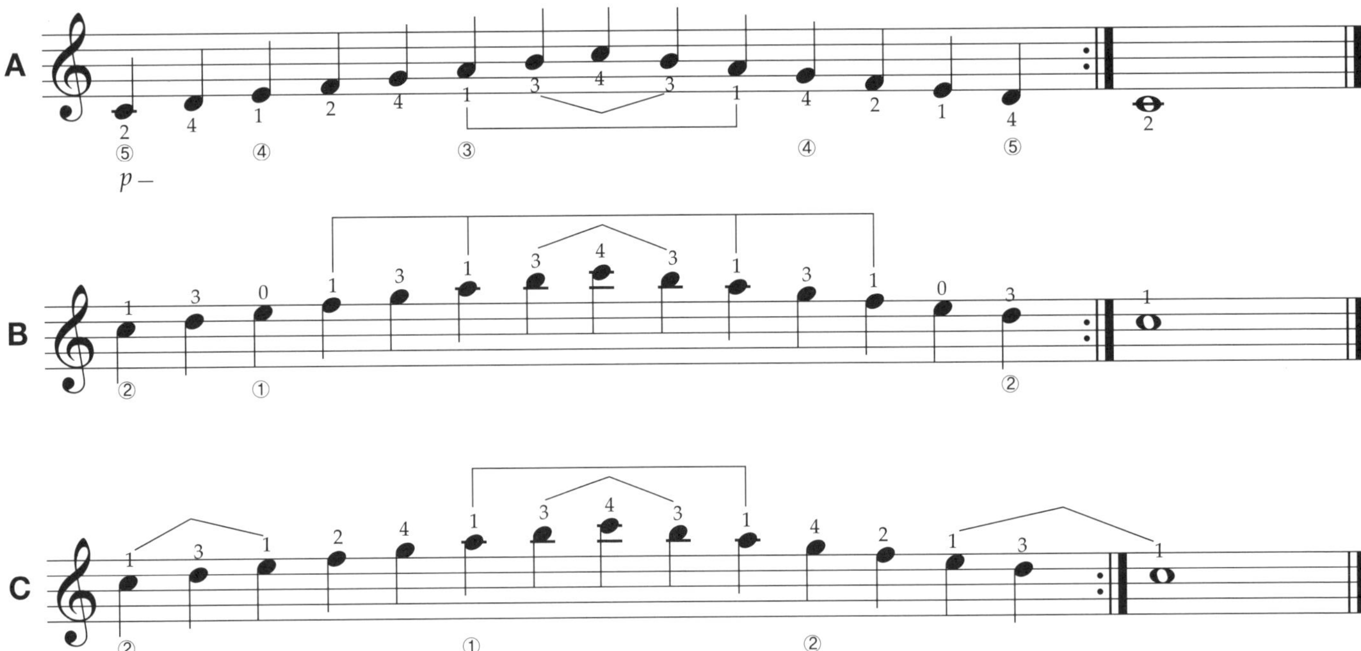

방법 / 형식	오른손	응용리듬	주법	주의	
				왼손	오른손
1	ma / ia 교대	Do / Re	⊓	• 각 손가락 굽히고 벌리고 평행이동	• ⊓, ∀ 고른 연습
2	ima / ami 교대	Do / Re	∀	• 줄을 잡아 당기며 누르지 않기	• 교대동작 정확히
3	im / mi 교대	Do Re Mi Fa		• 기둥손 · 길잡이손 지키기	• ∀ 에서 다음 줄에 손가락이 머물 때 손톱이 닿지 않게
					• 바른 위치에서 천천히 큰소리로

마침꼴(Cadence)

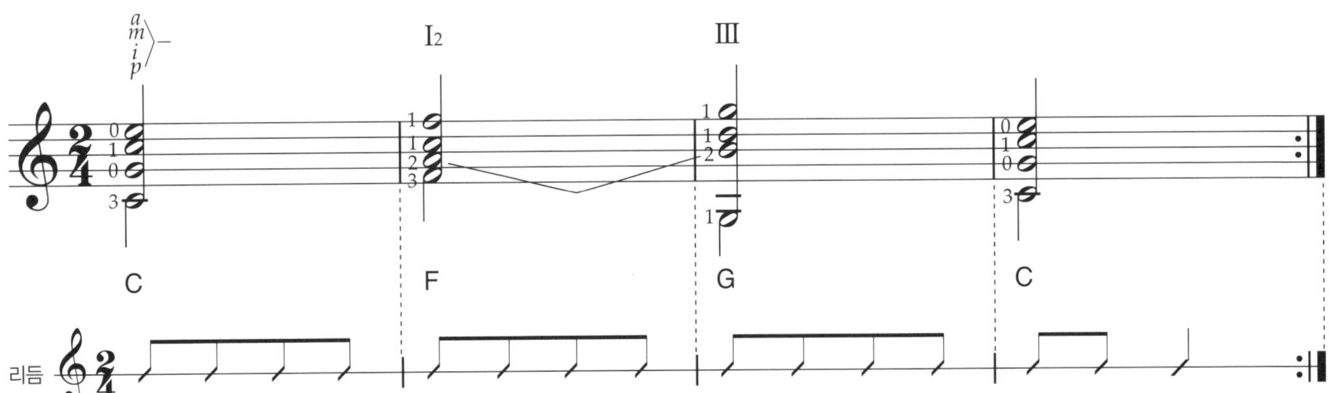

천안 삼거리

Cheonan Samgeori

Korean folk song
Arr. for Guitar by B. H. Heo

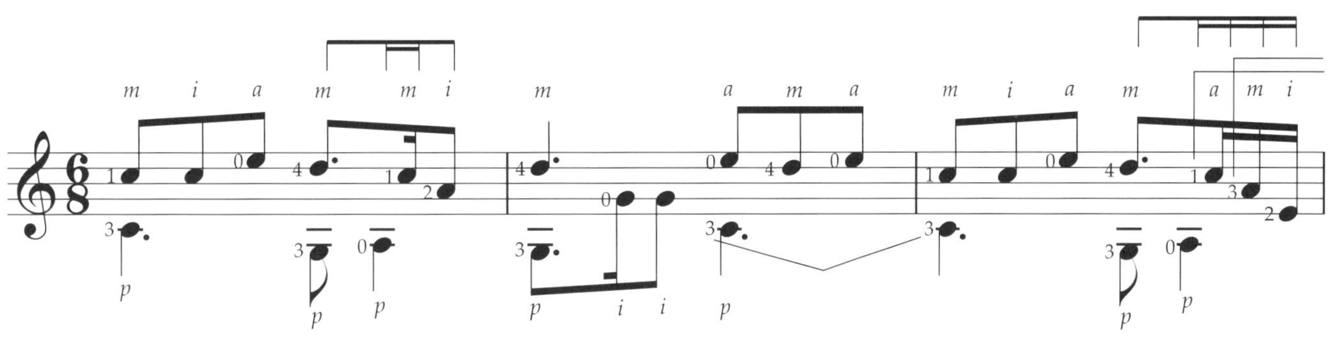

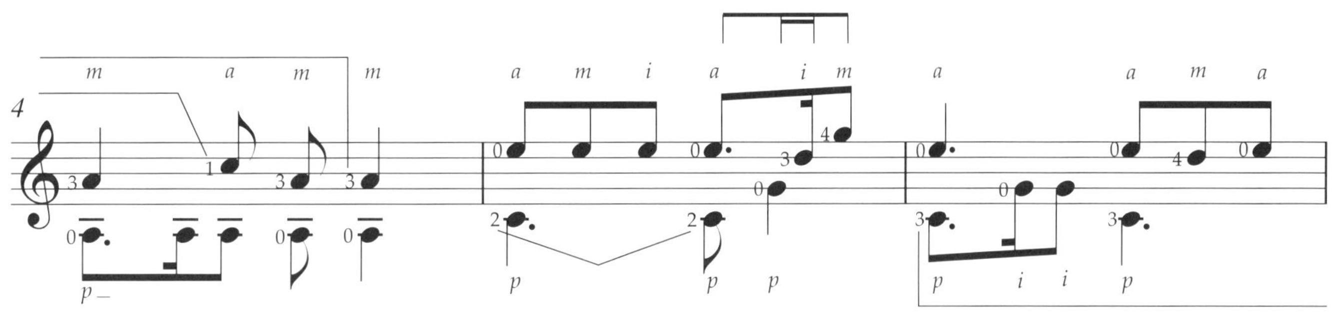

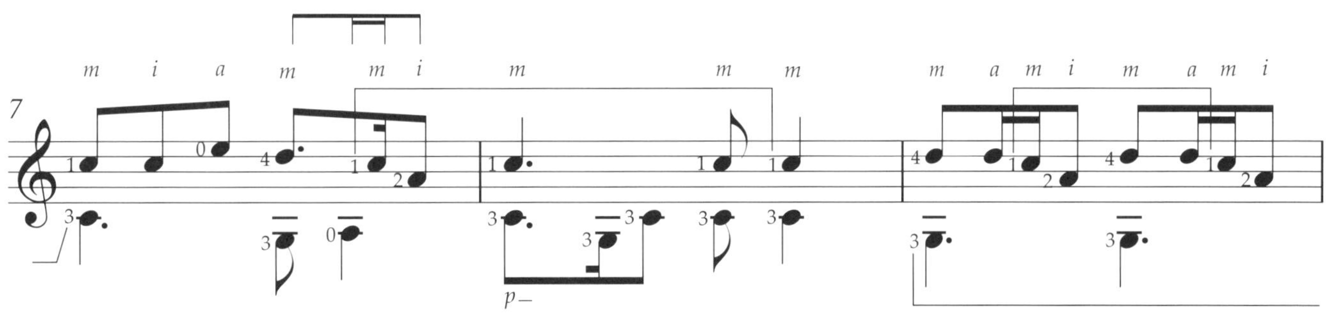

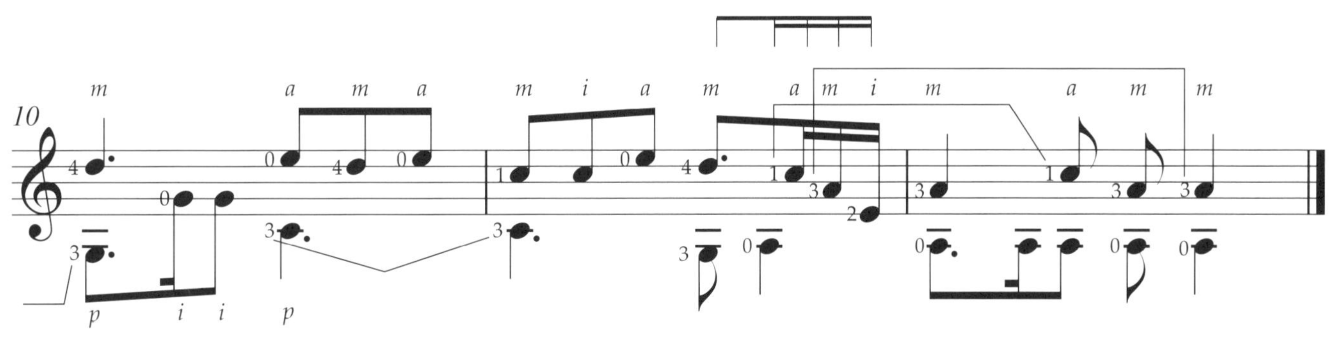

3도 연습
〈매일연습〉

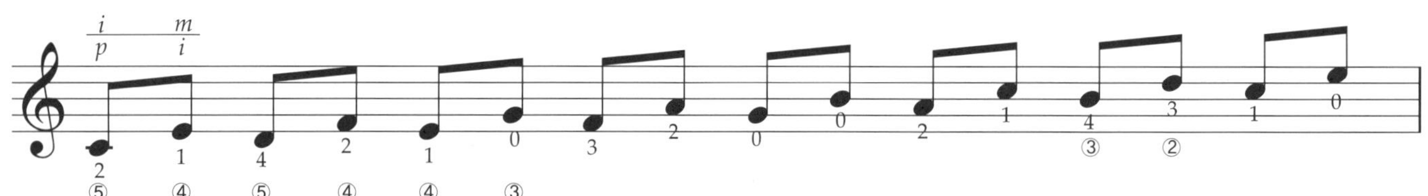

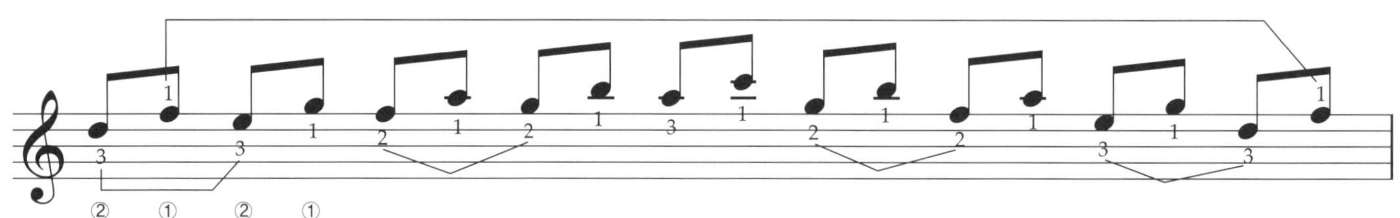

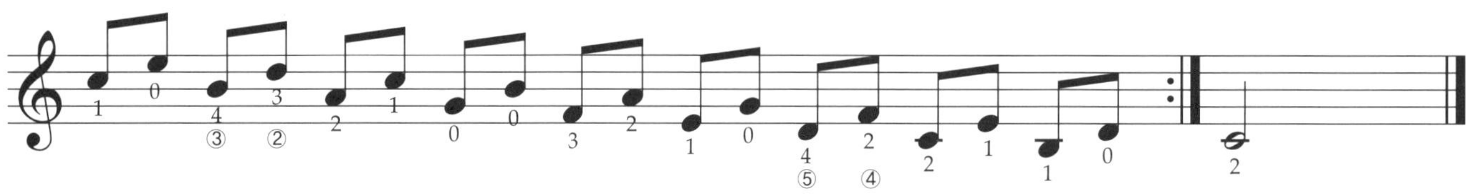

8도 연습
〈매일연습〉

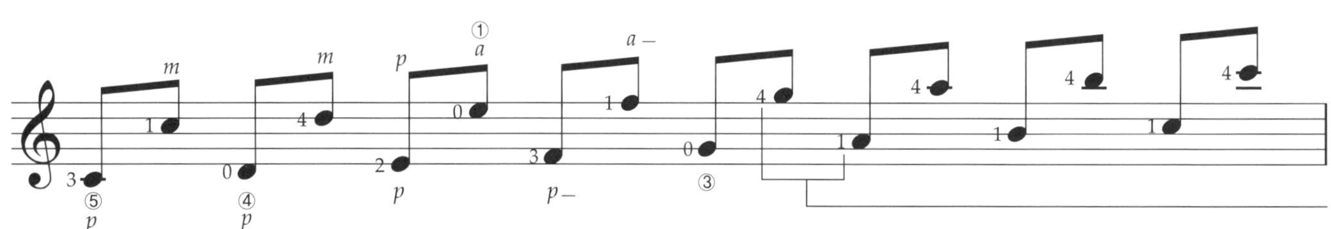

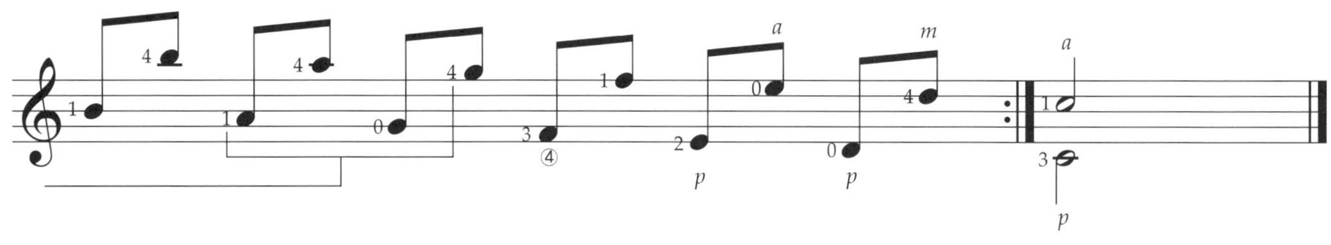

왈츠

Waltz Op.57 No.12

M. Giuliani

Andantino

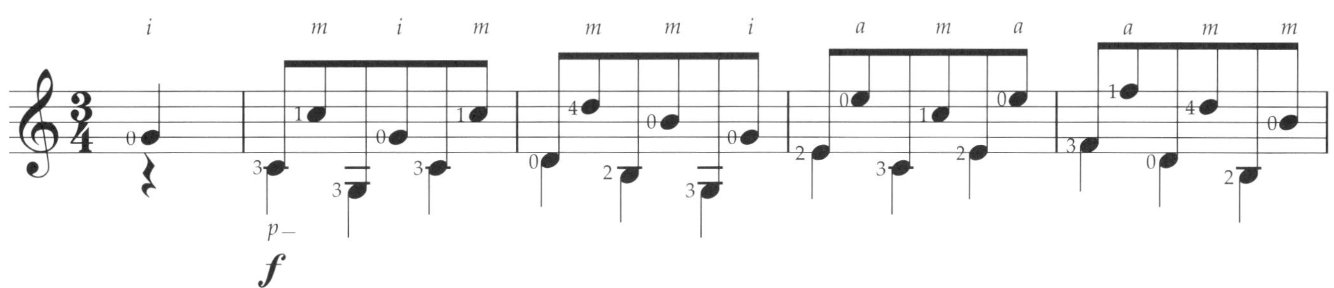

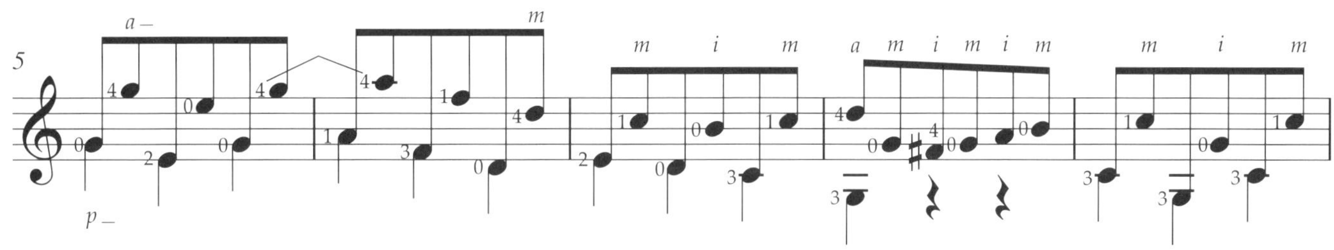

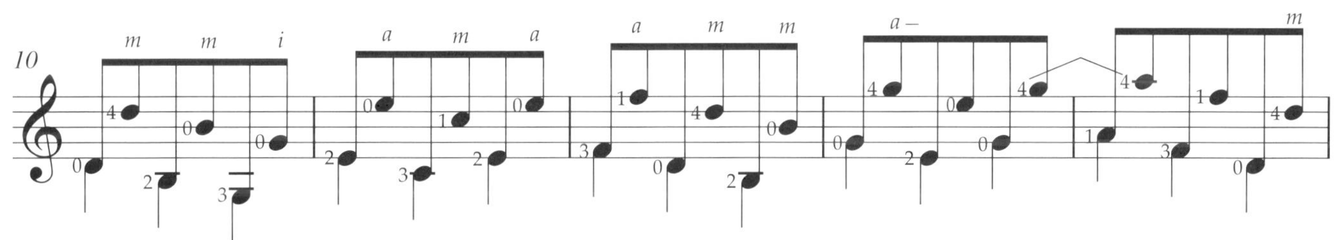

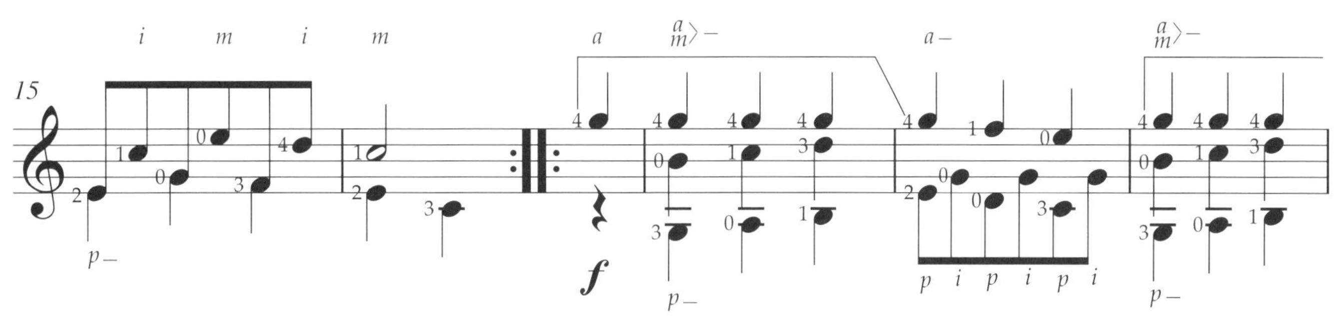

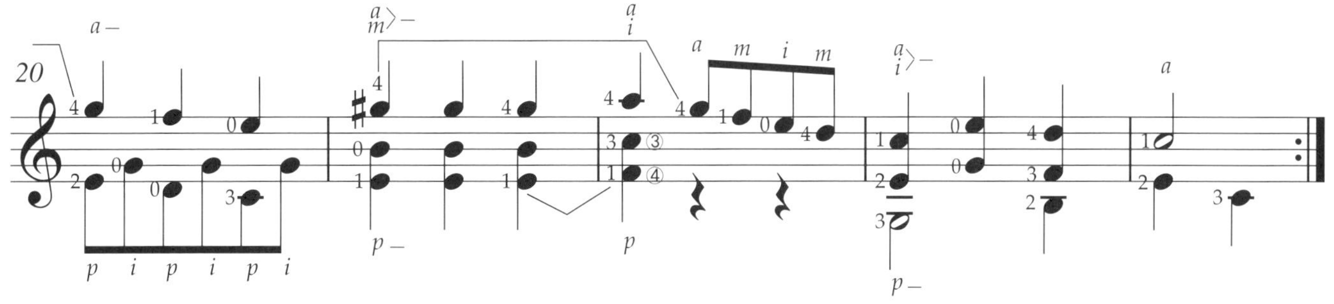

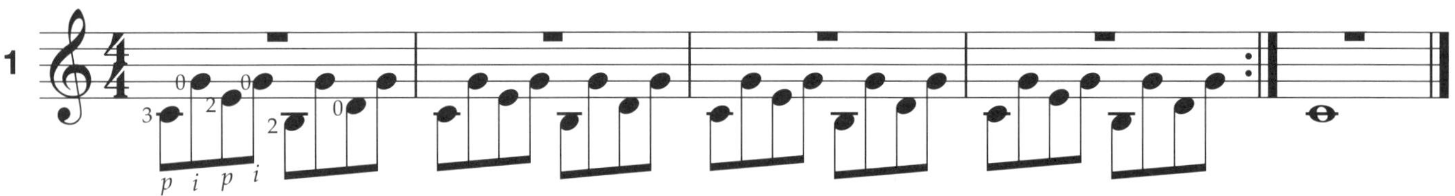

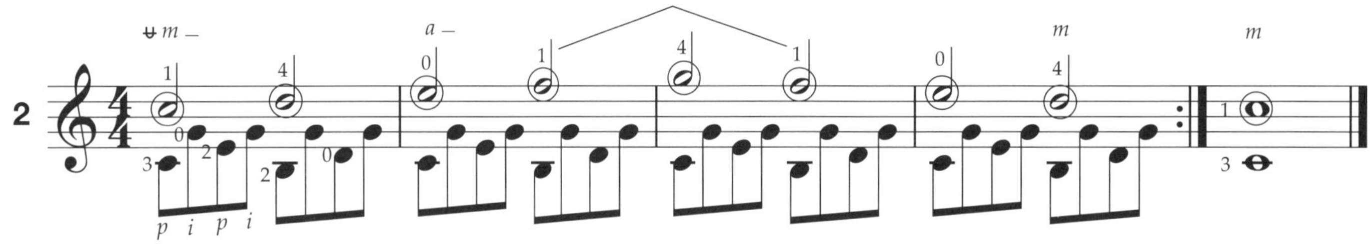

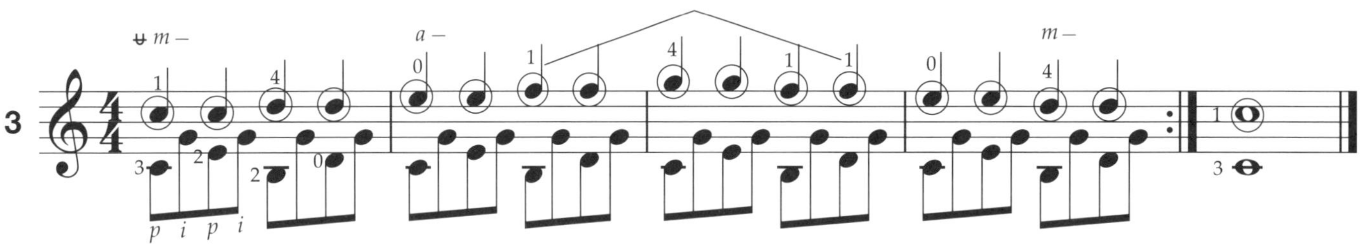

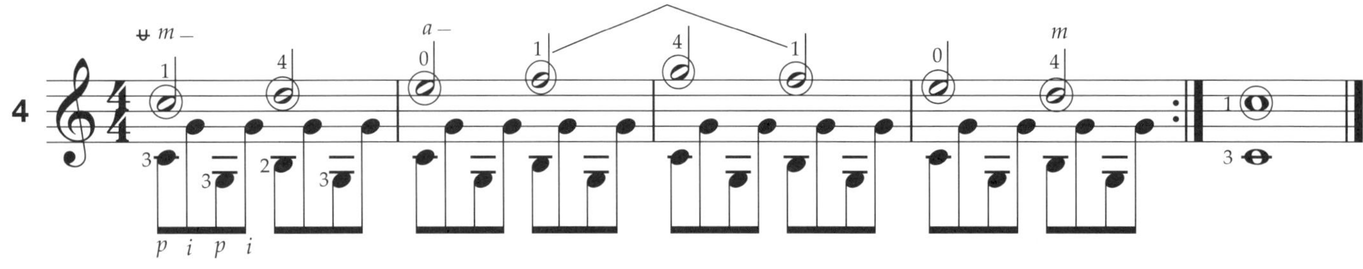

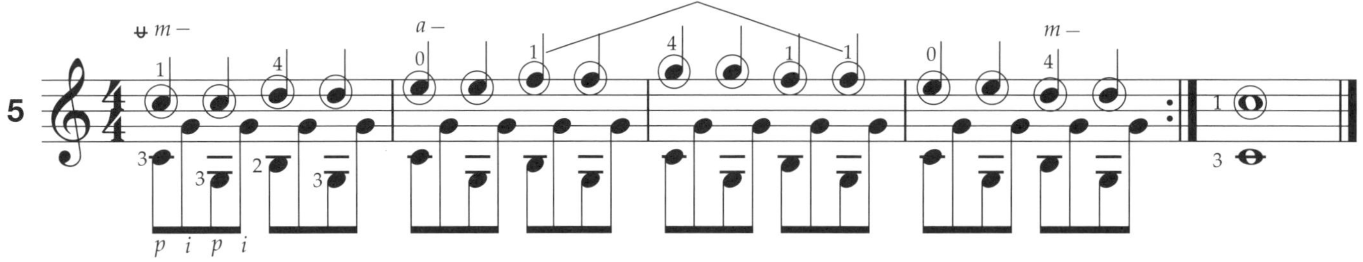

과수원 길

A way of a fruit garden
어 웨이 오브 어 프룻 가든

Gong Seon Gim
Arr. for Guitar by B. H. Heo

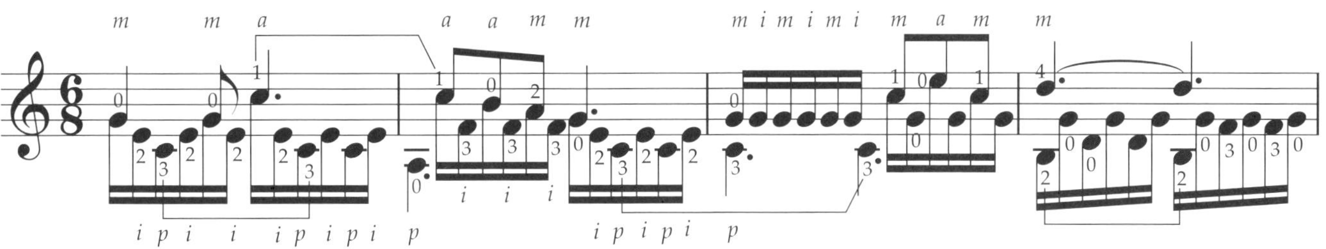

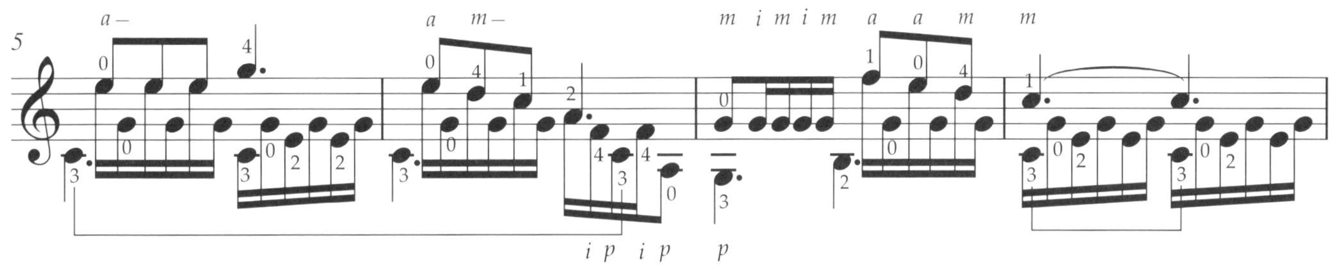

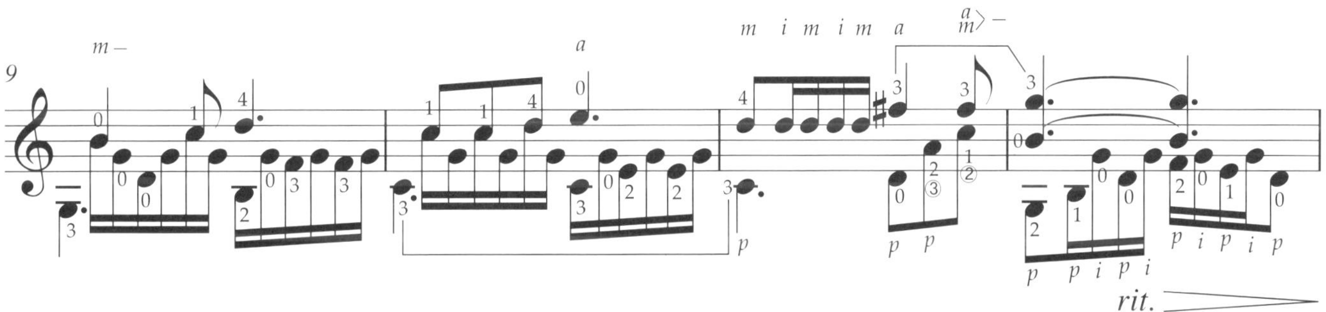

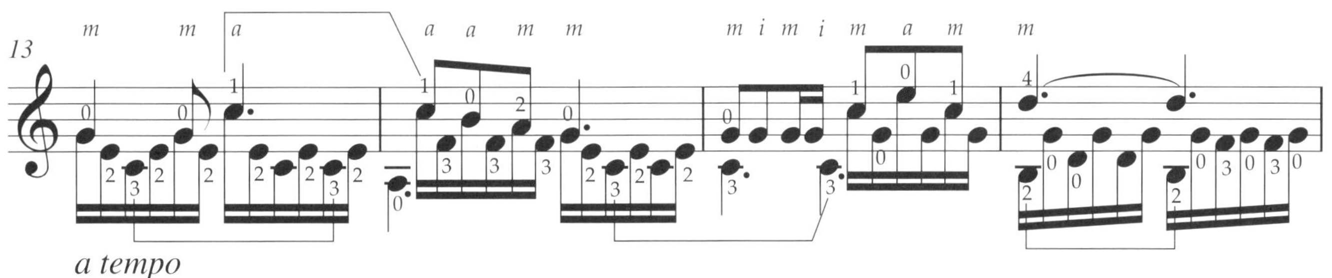

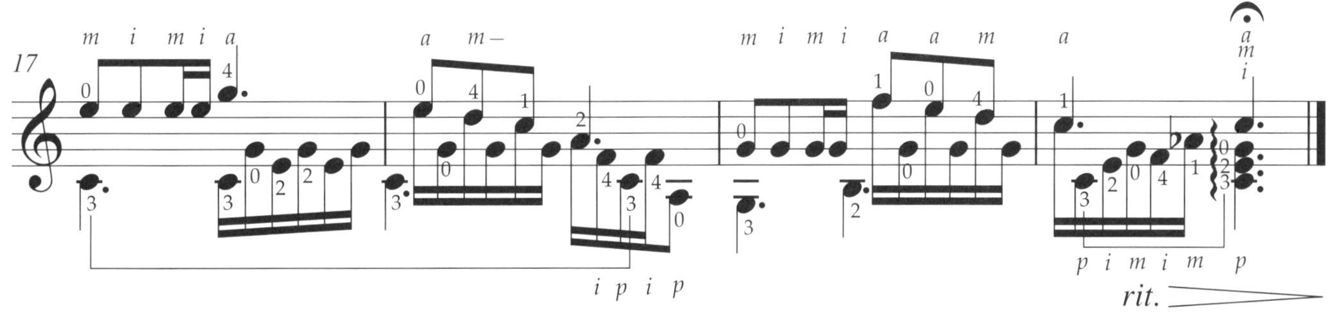

론도(2중주)

Rondo

J. Küffner

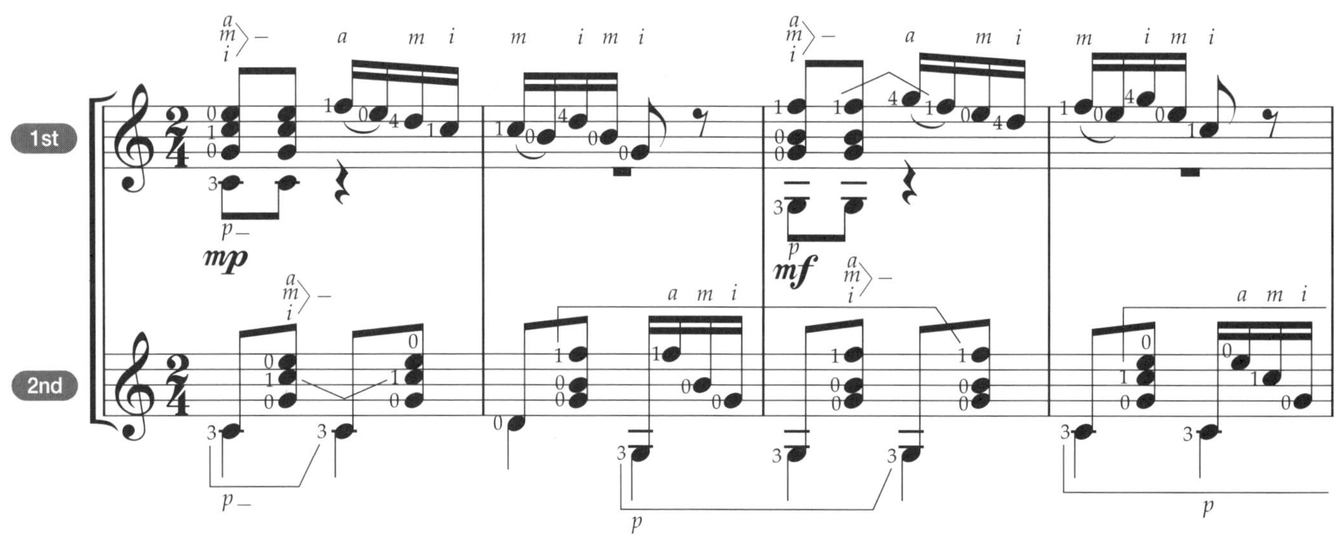

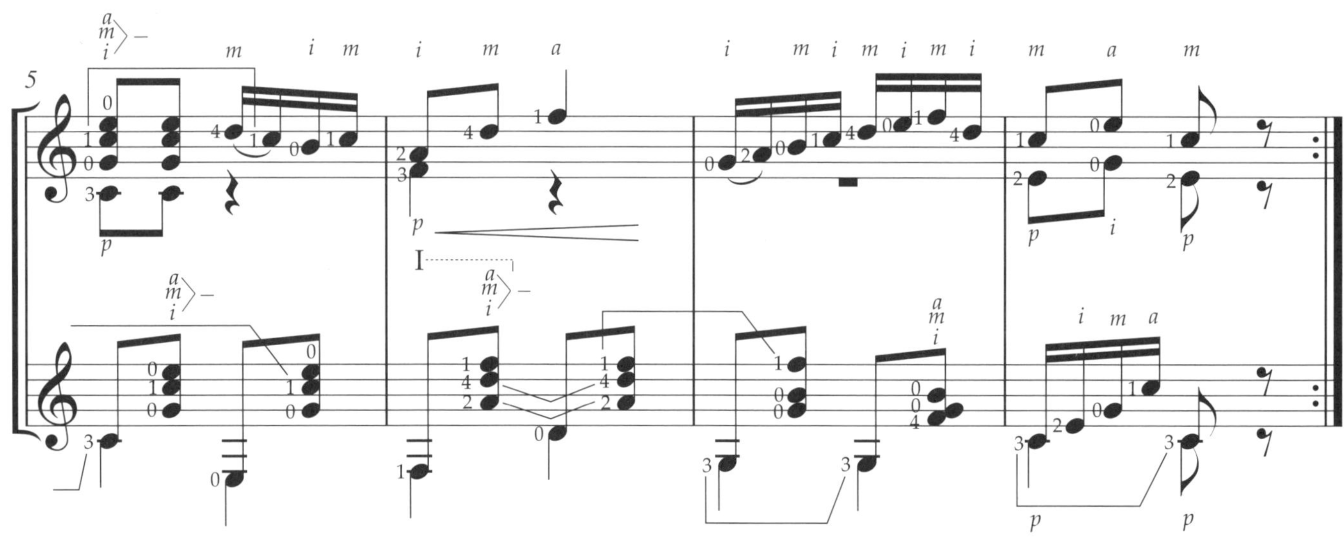

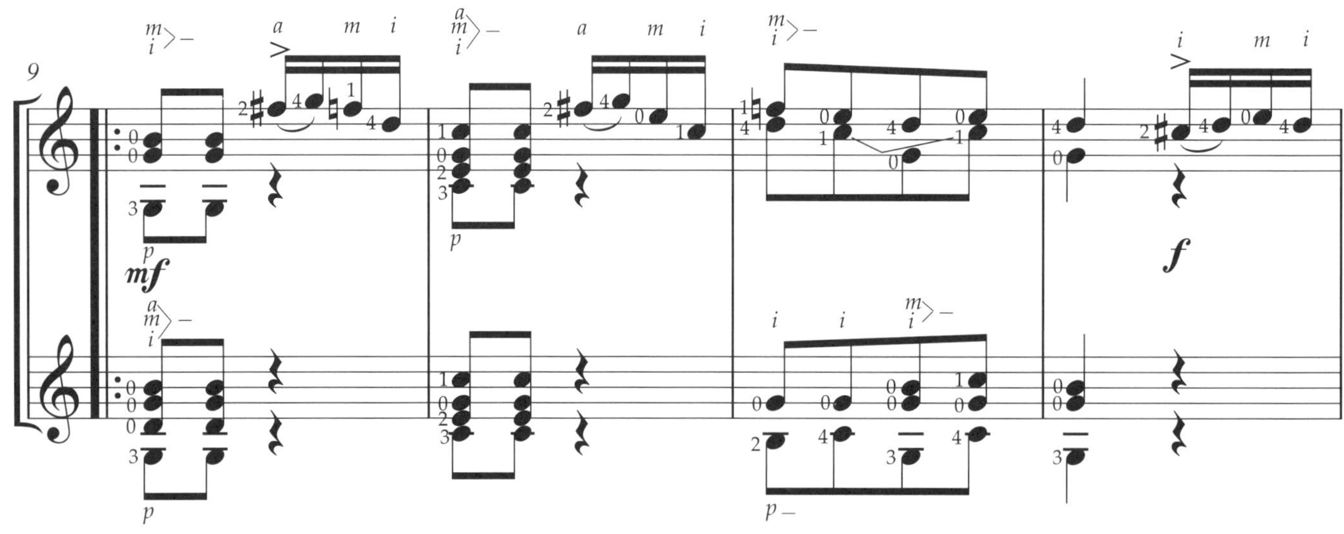

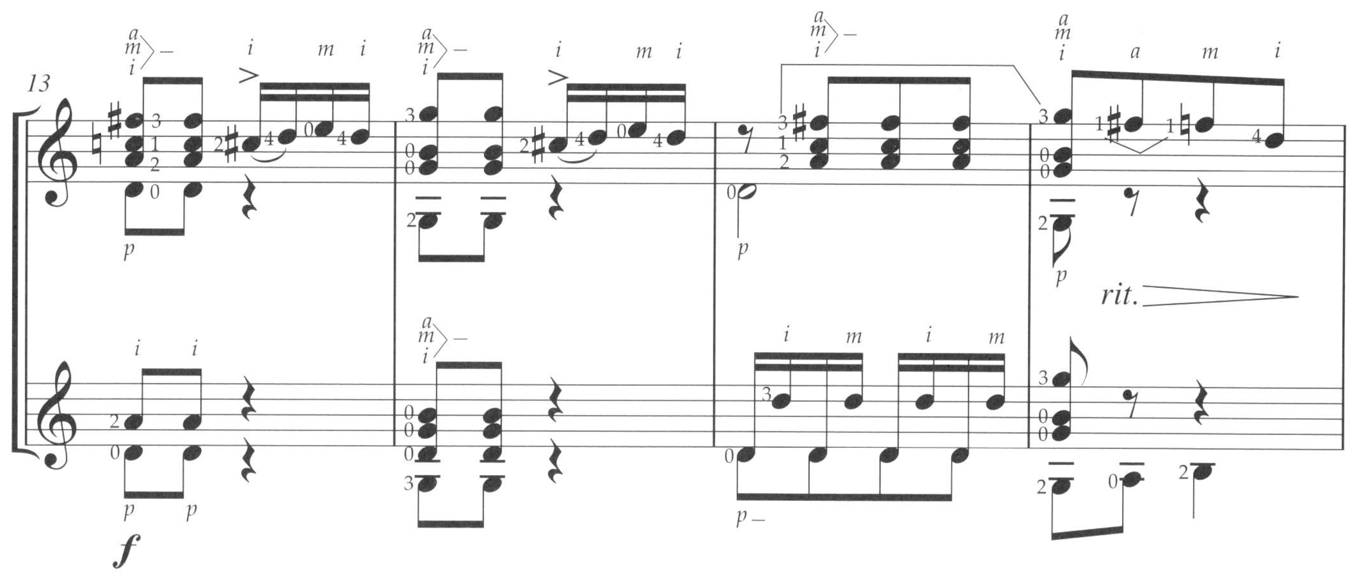

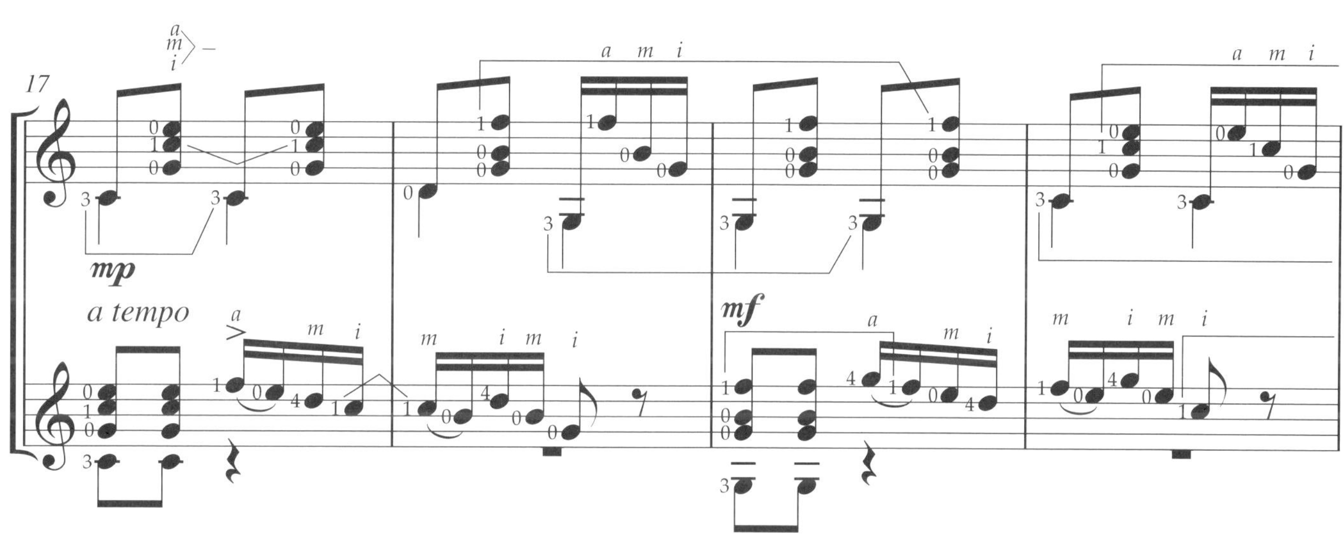

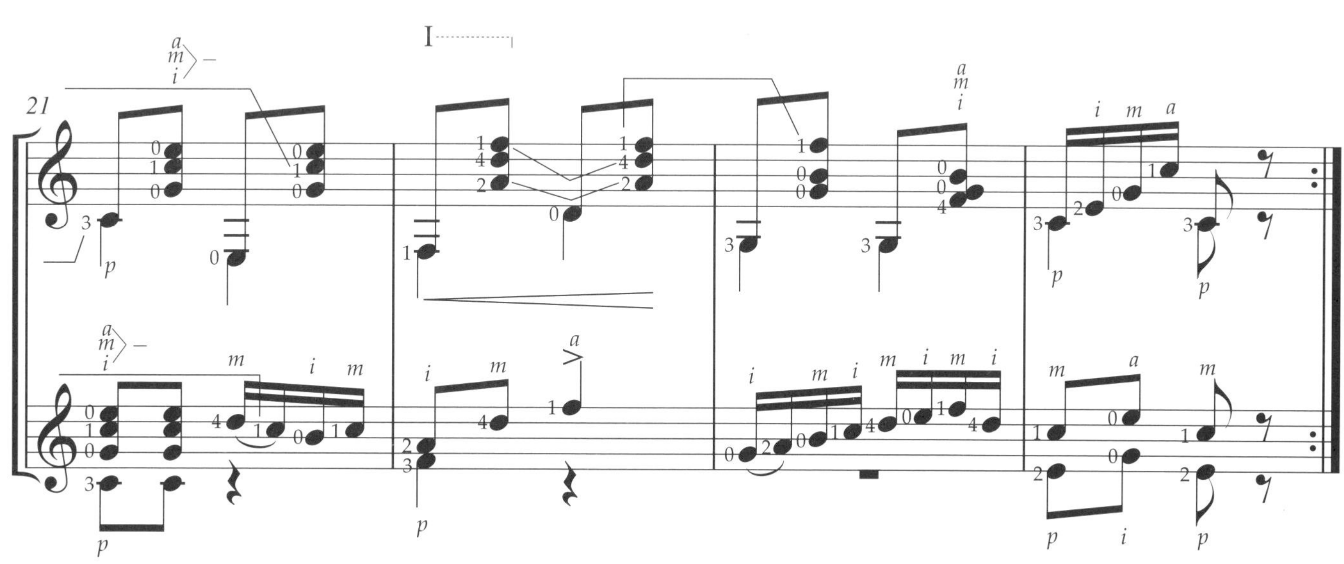

안단티노

Andantino Op.59 No.1

M. Carcassi

Andantino grazioso

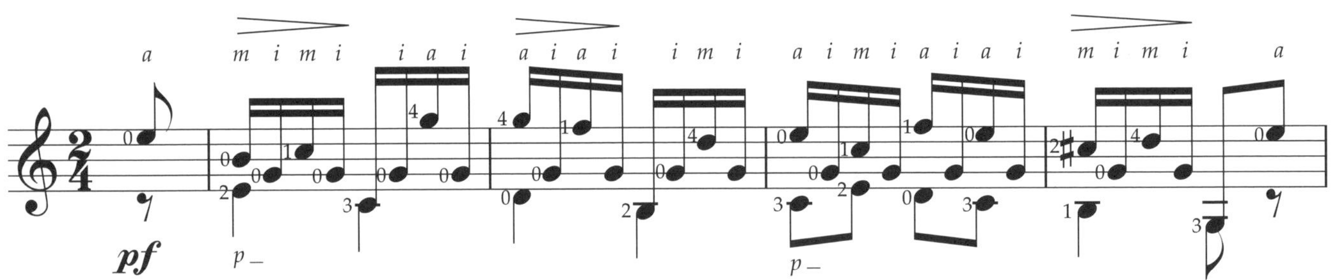

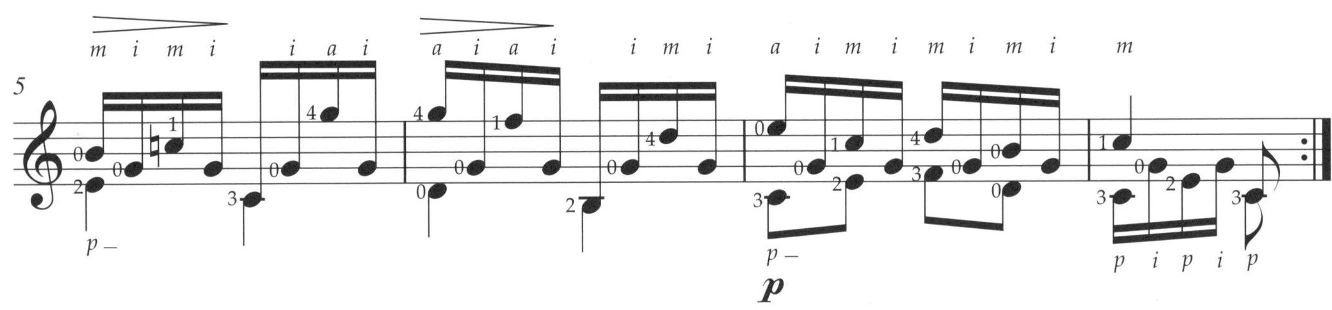

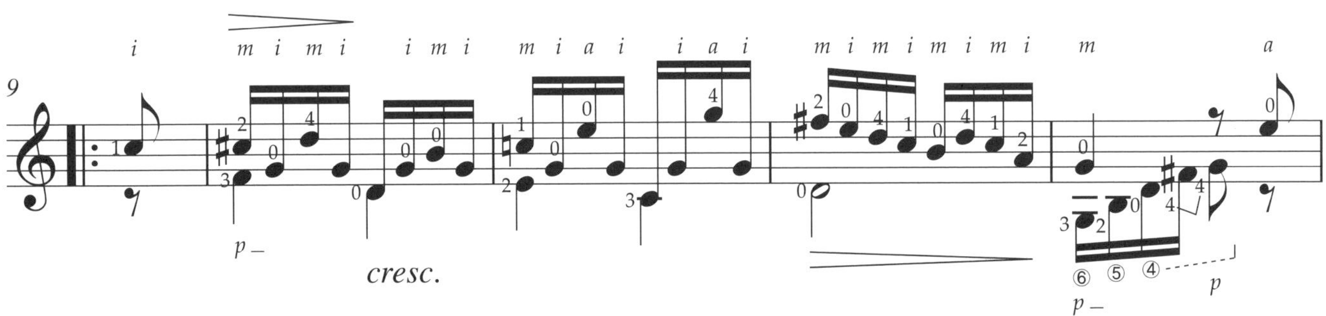

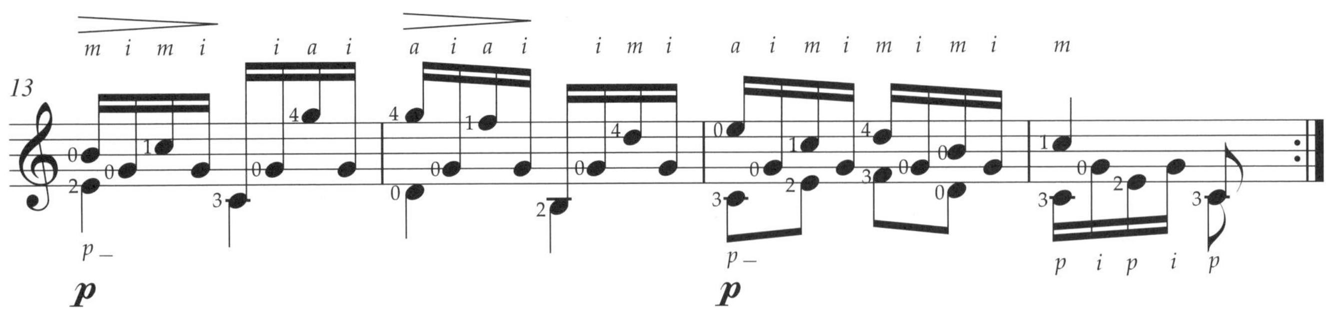

발스

Vals Op.59 No.26

M. Carcassi

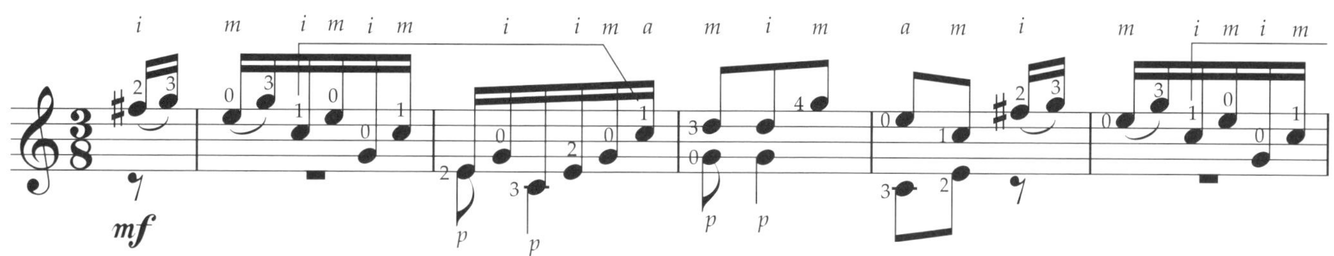

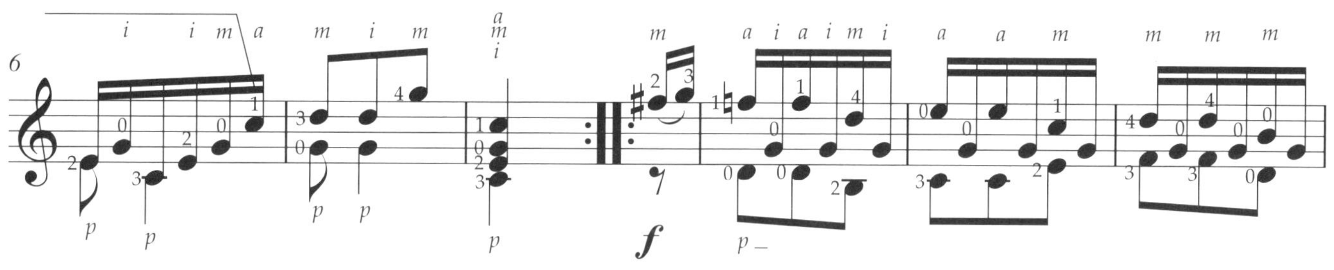

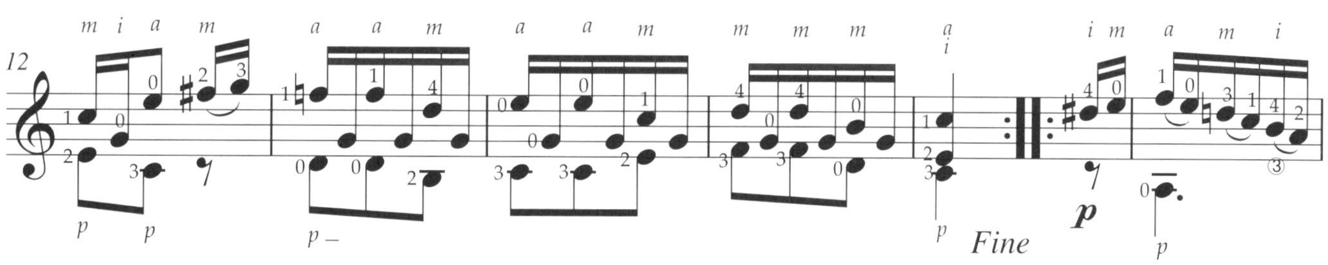

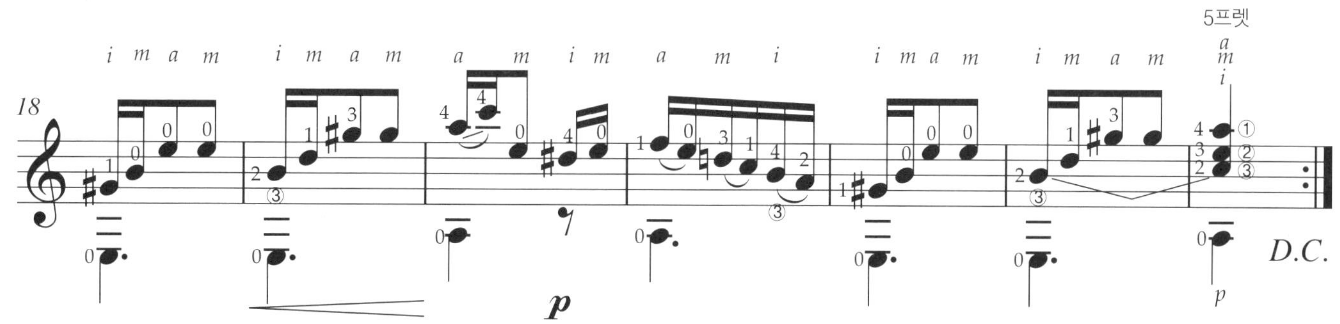

야상곡

Nocturno Op.92

C. Henze

Andante

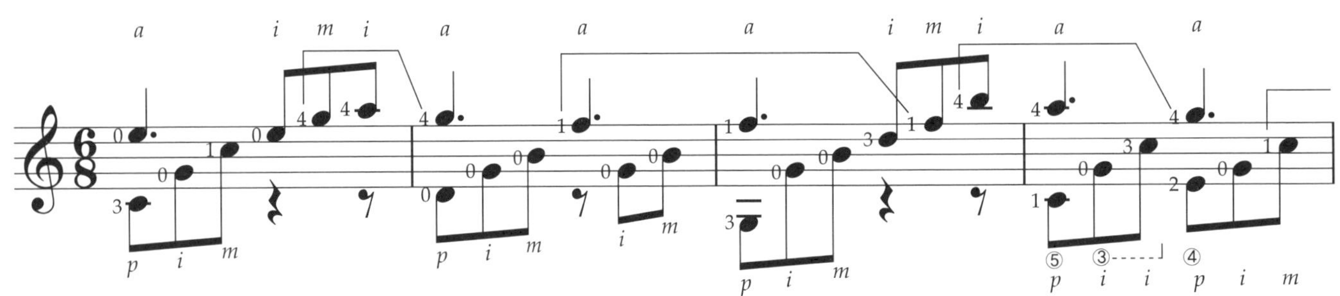

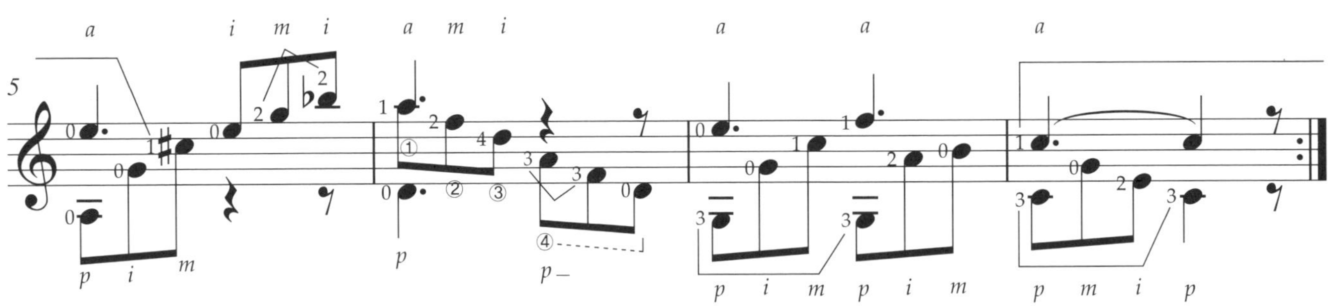

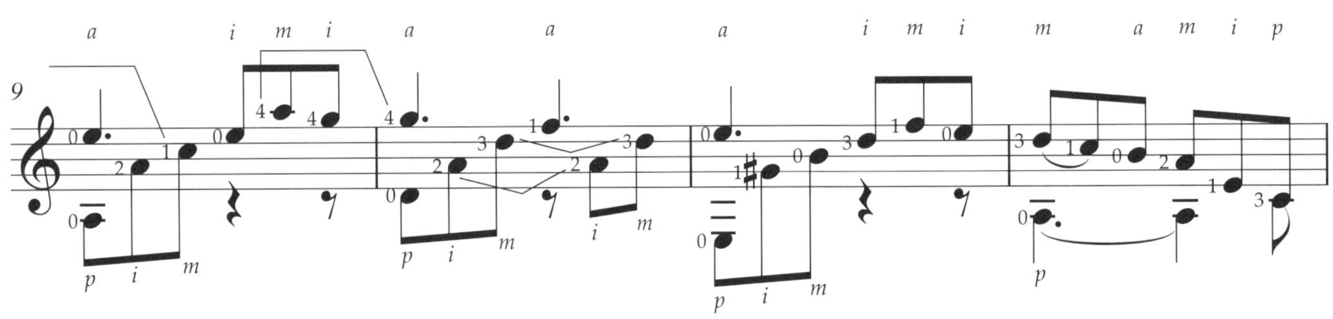

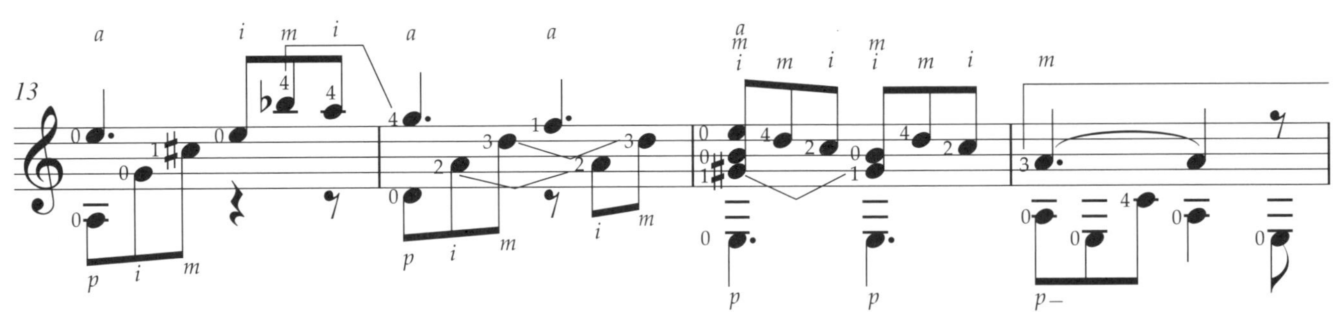

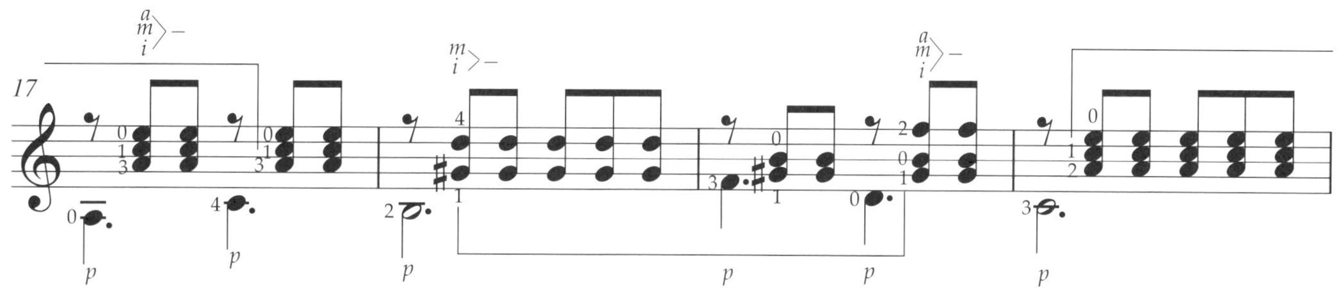

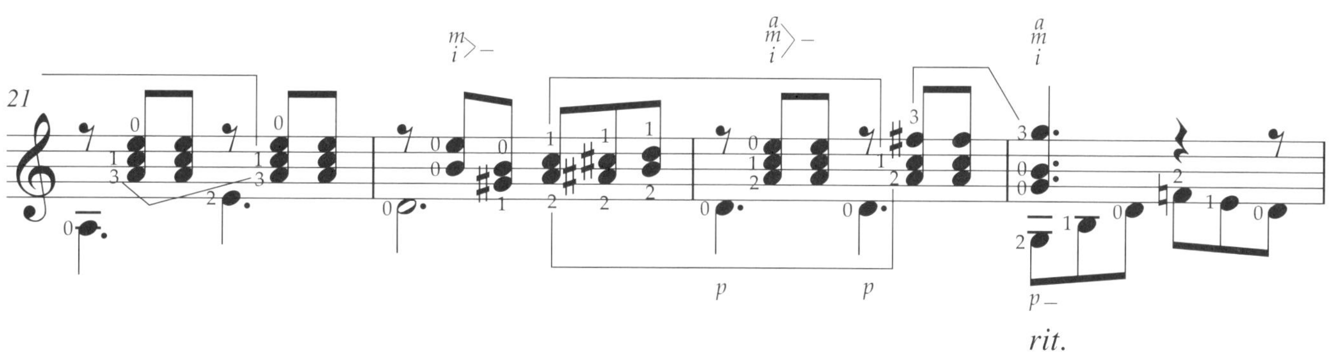

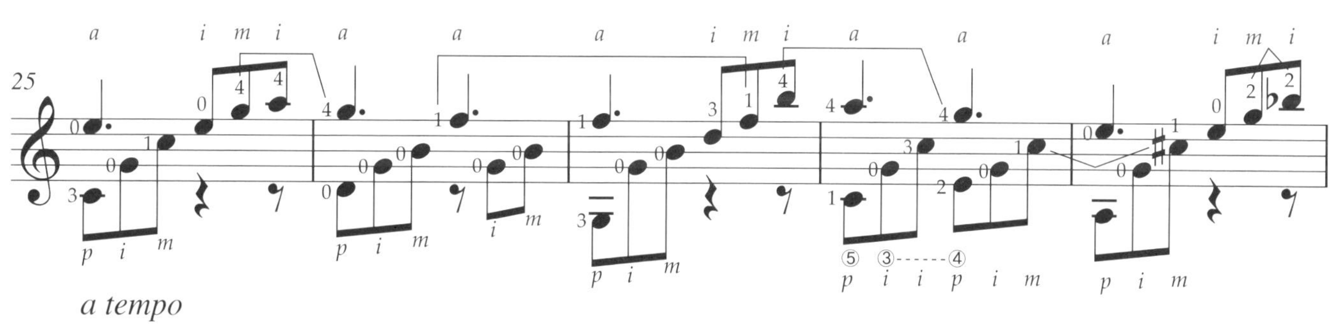

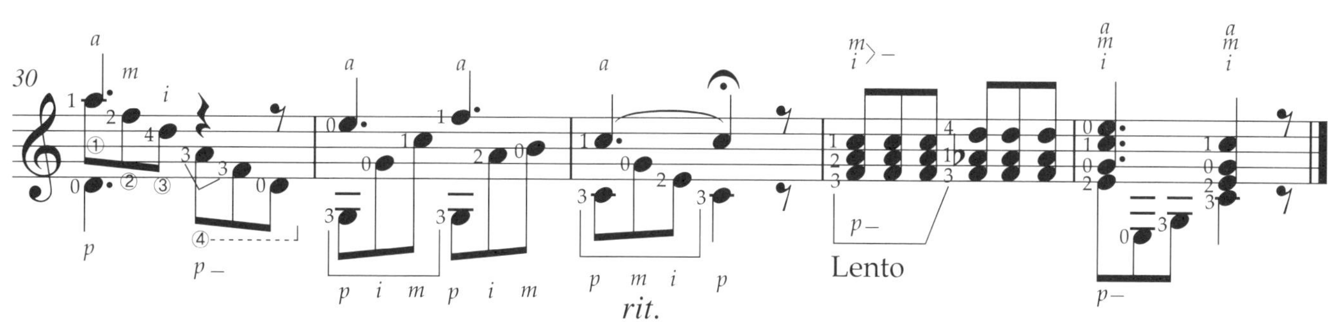

가단조 음계(A Harmonic Minor Scale)

화성단음계. 제7음을 반음 높여 2-3, 5-6, 7-8이 반음, 6-7은 온음 반

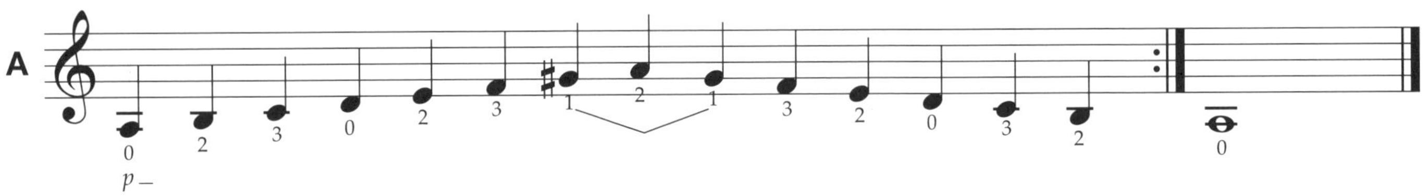

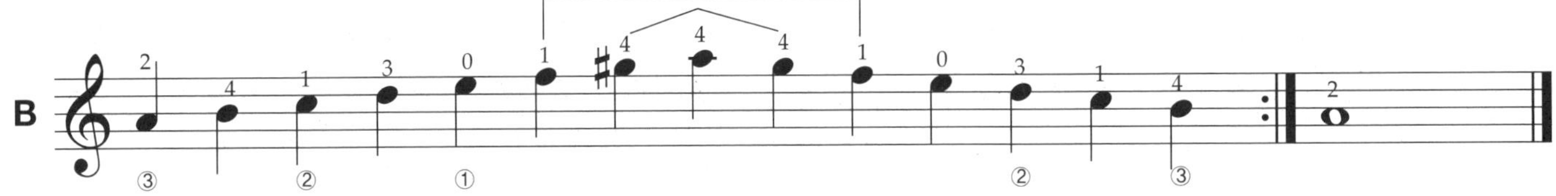

방법 형식	오른손	응용리듬	주법	주의	
				왼손	오른손
1	$\frac{ma}{ai}$ 교대	La Si	⊔	• 각 손가락 굽히고 벌리고 평행이동	• ⊔ ﬒ 고른 연습
2	$\frac{ima}{ami}$ 교대	La Si		• 줄을 잡아 당기며 누르지 않기	• 교대동작 정확히 • ﬒에서 다음 줄에 손가락이 머물 때 손톱이 닿지 않게
3	$\frac{im}{mi}$ 교대	La Si Do Re	﬒	• 기둥손 · 길잡이손 지키기	• 바른 위치에서 천천히 큰소리로

마침꼴(Cadence)

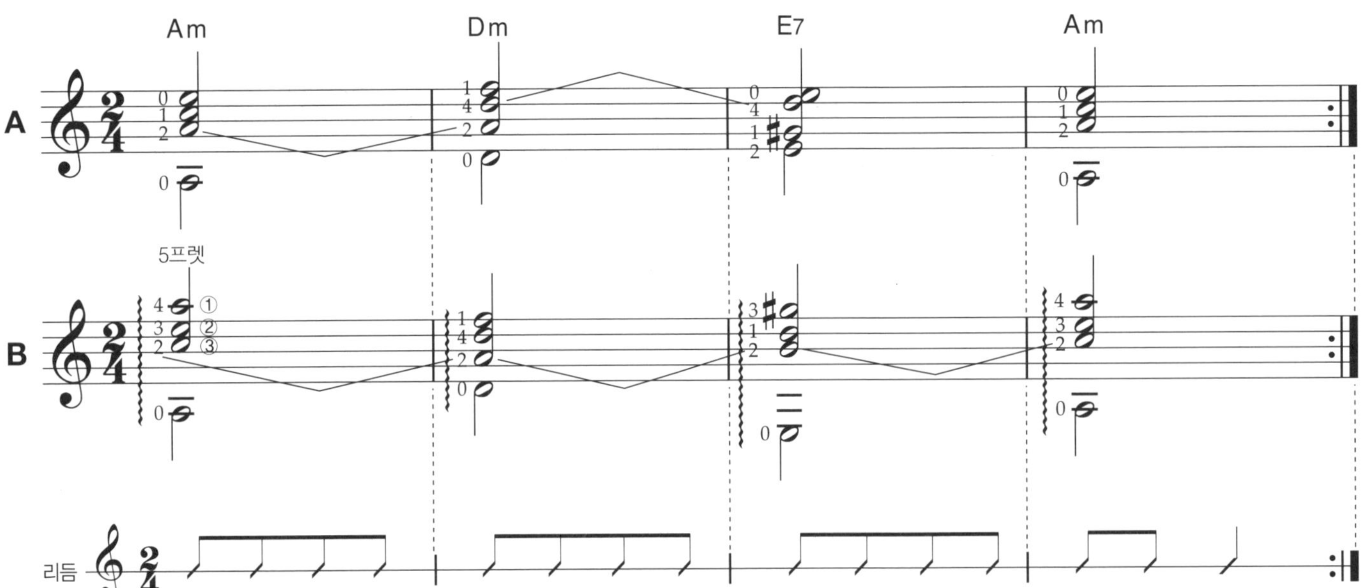

산촌

A mountain village
어 마운틴 빌리쥐

조두남(Du Nam Jo)
(1912~1984 평양)

Arr. for Guitar by B. H. Heo

민요풍으로

모데라토

Moderato

F. Sor

Moderato

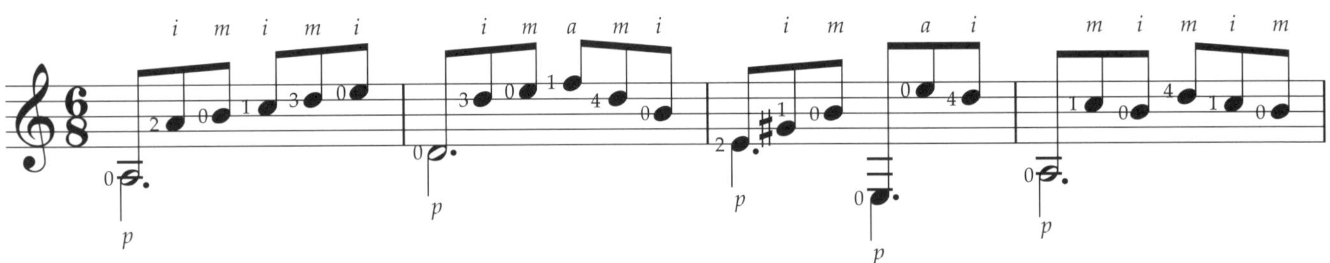

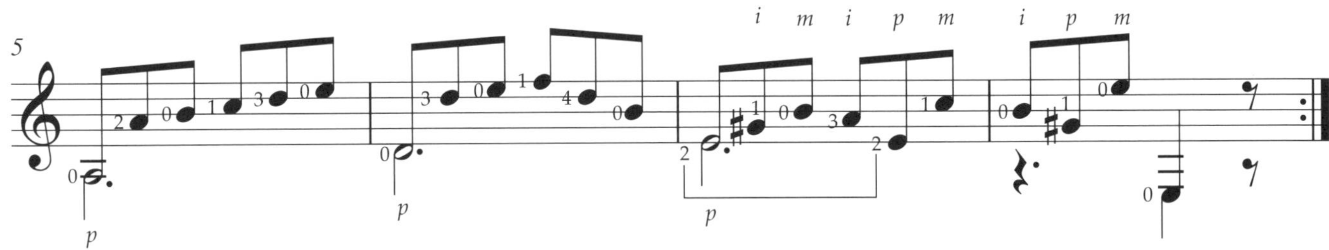

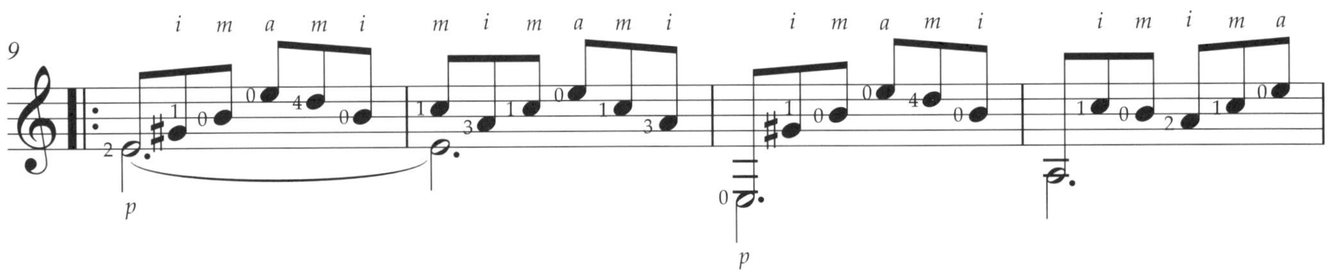

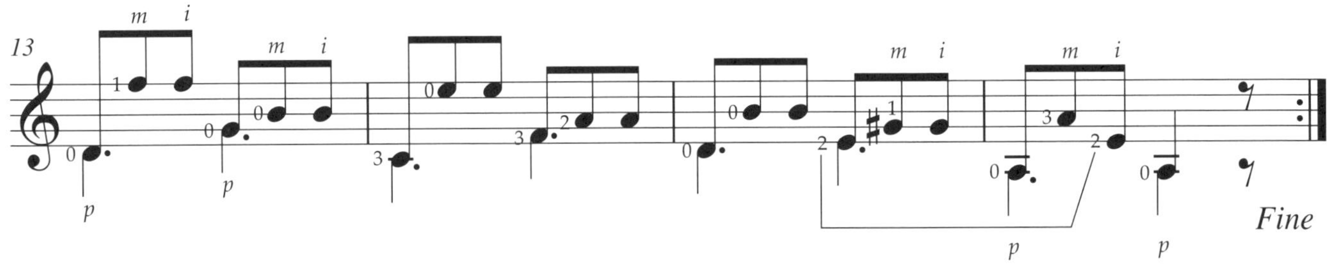

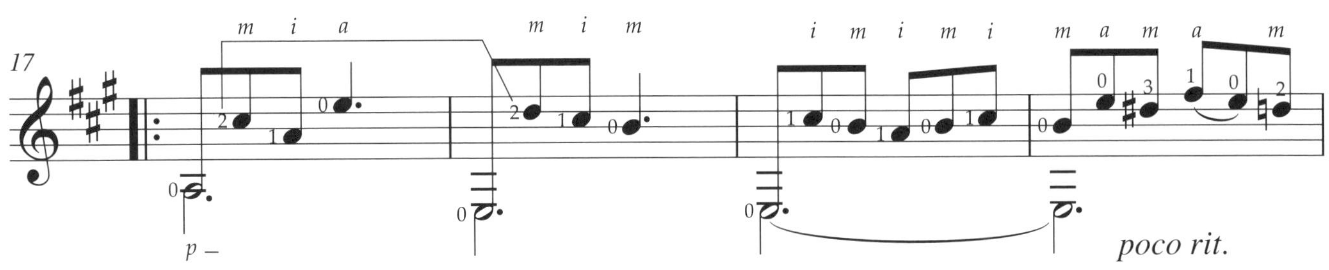

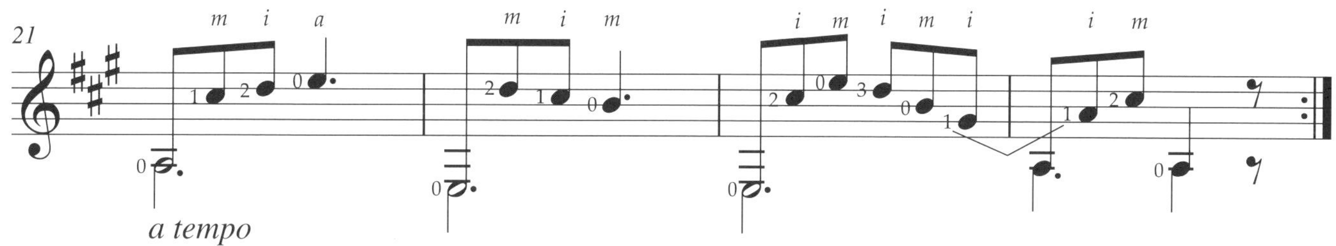

21
a tempo

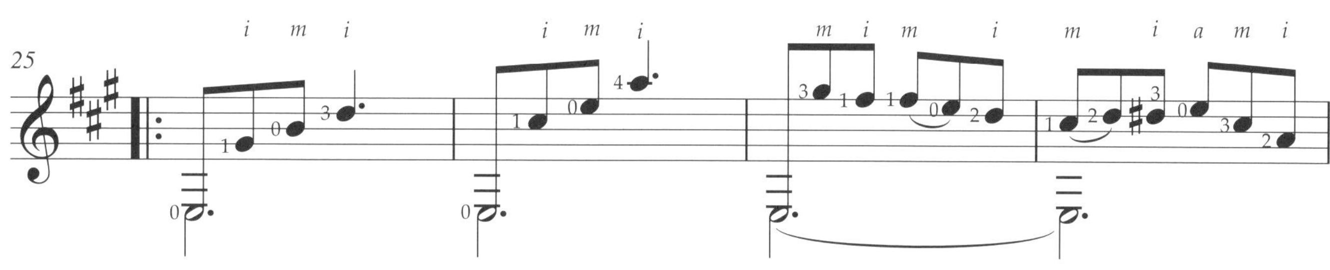

25

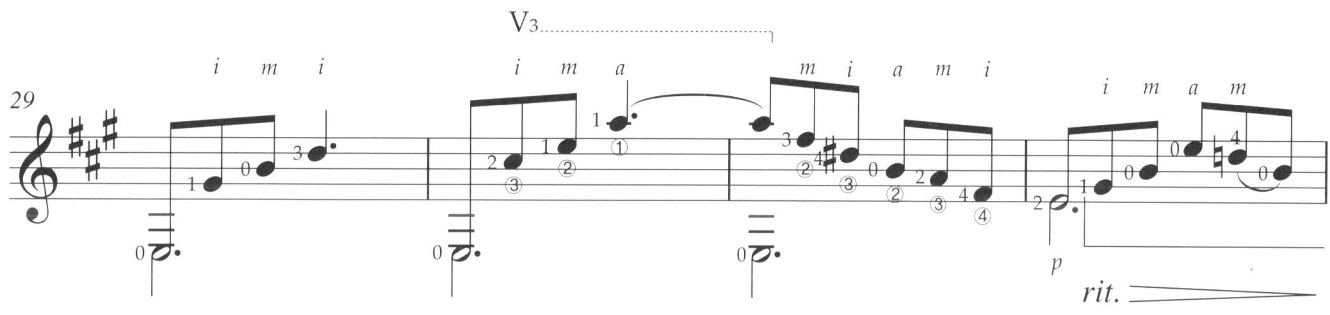

V3
29
rit.

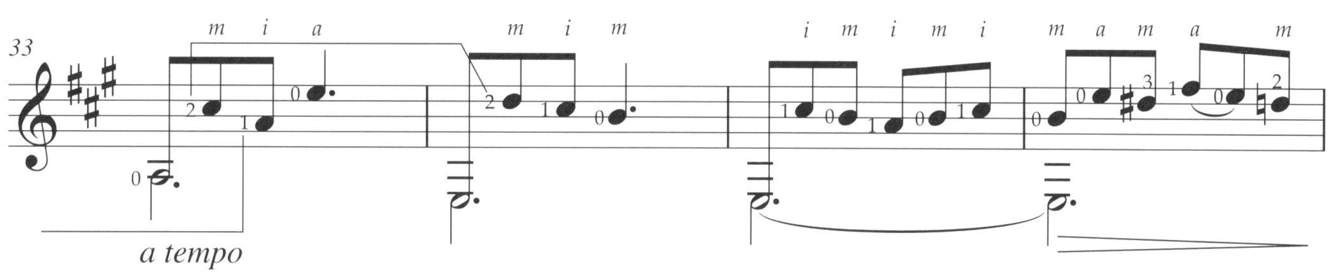

33
a tempo

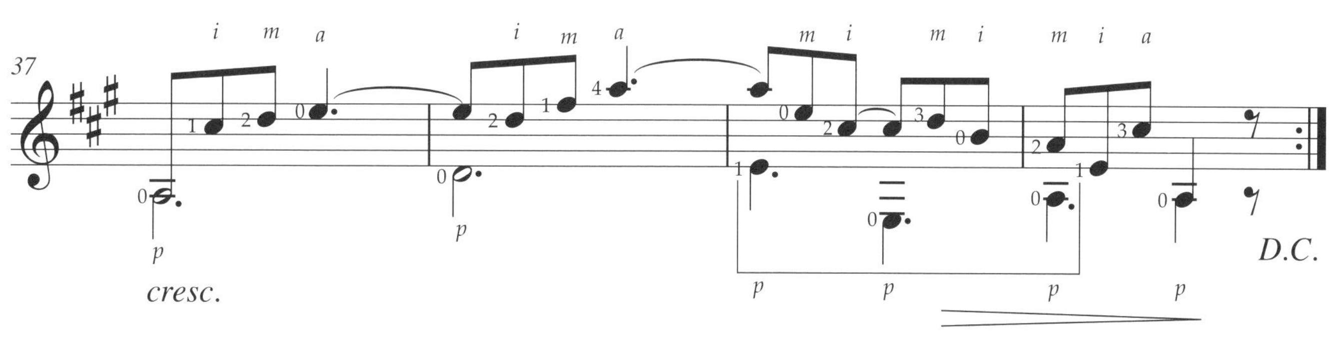

37
p
cresc.
p
p
p
p
p
D.C.

〈매일연습〉 화성단음계, a 단조에서 모든 Sol을 반음 올림.

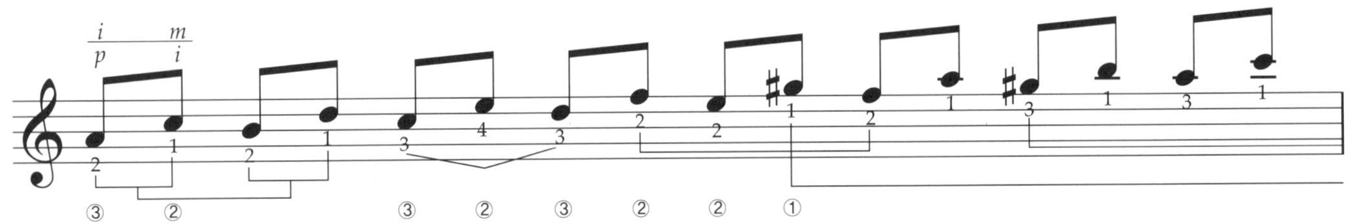

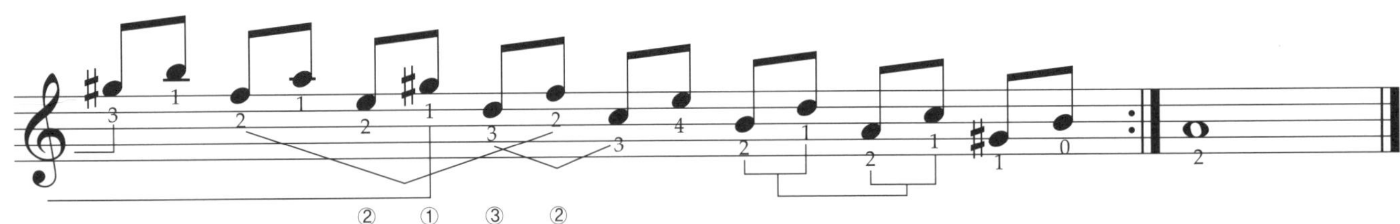

〈매일연습〉

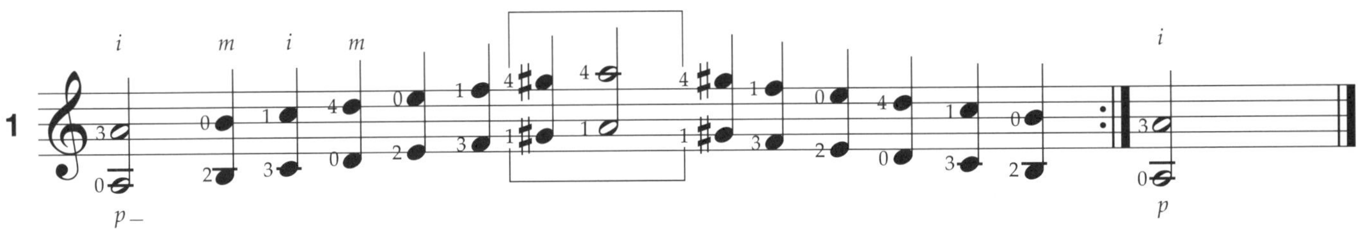

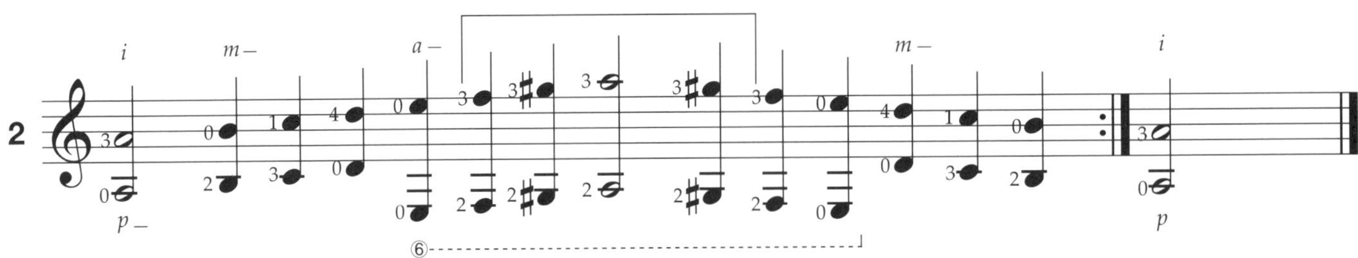

왈츠

Waltz Op.21 No.8

M. Giuliani

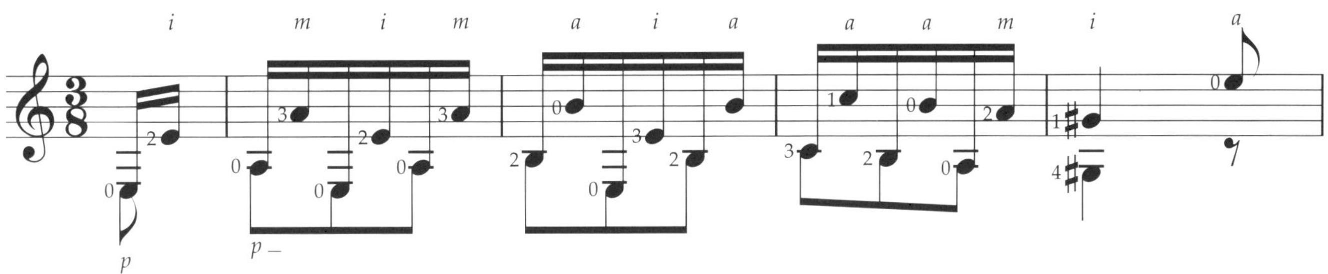

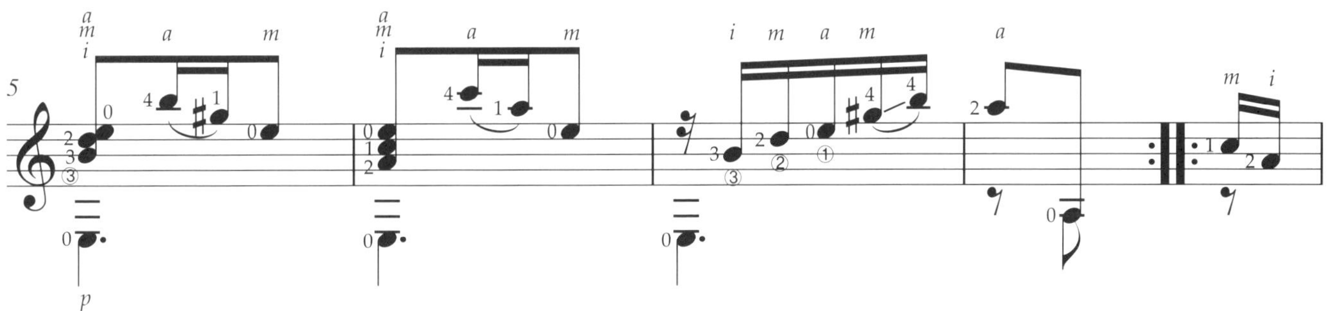

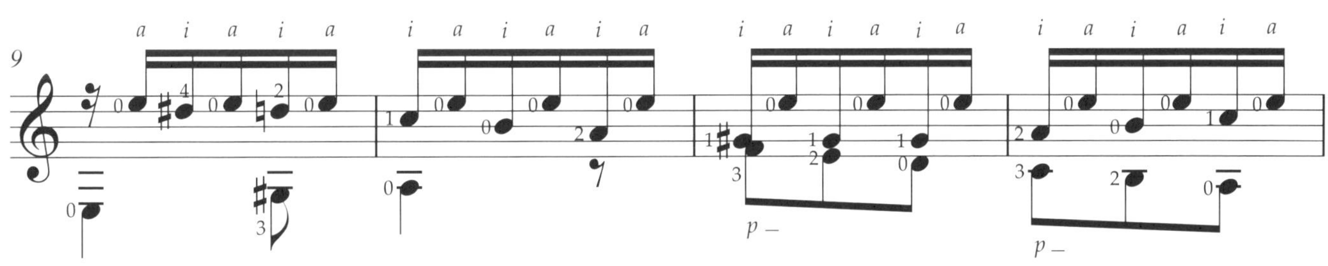

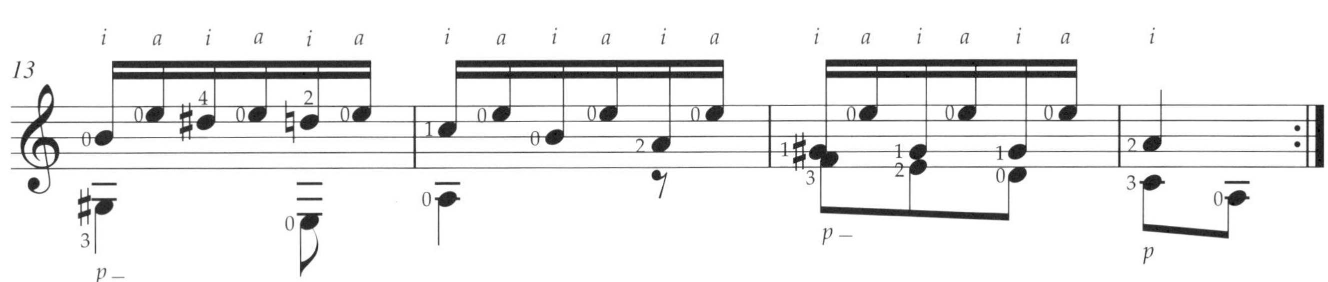

종소리

Chim Chim Cher-ee

침 침 체리

(뮤지컬영화 Mary popins 중에서)

셔먼(Robert B. Scherman)

(1925~ 미)

셔먼(Richard M. Scherman)

(1928~ 미)

Arr. for Guitar by B. H. Heo

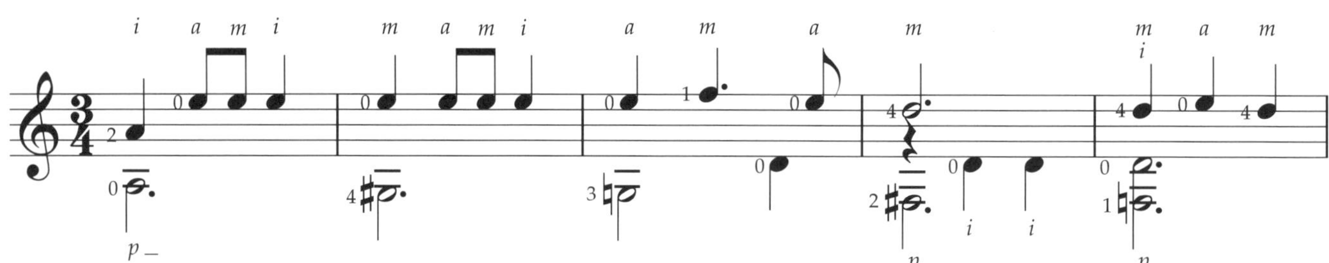

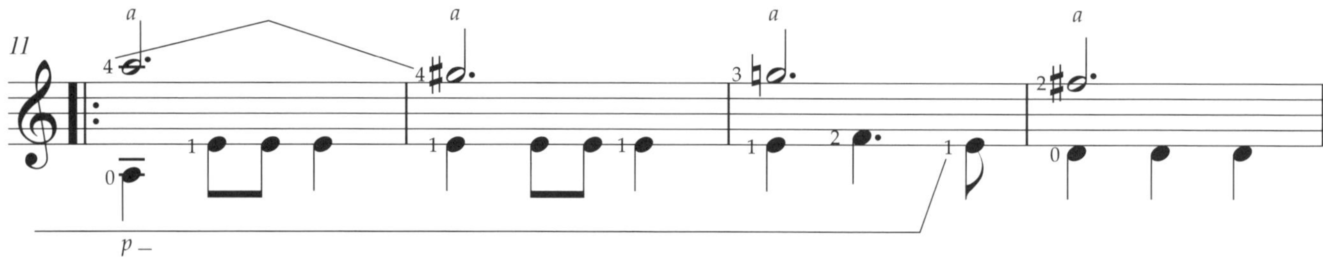

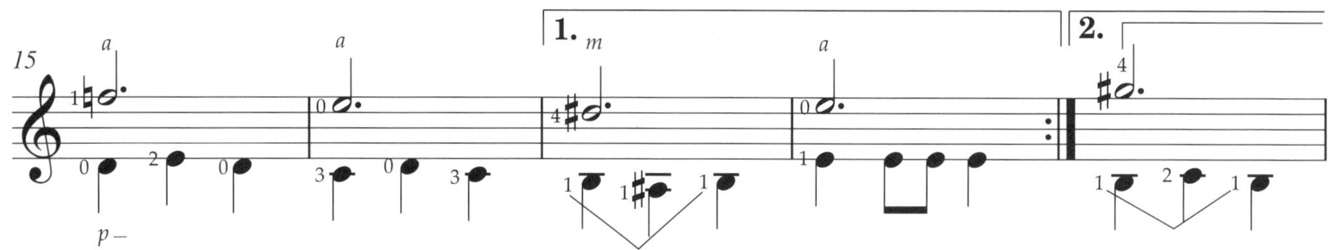

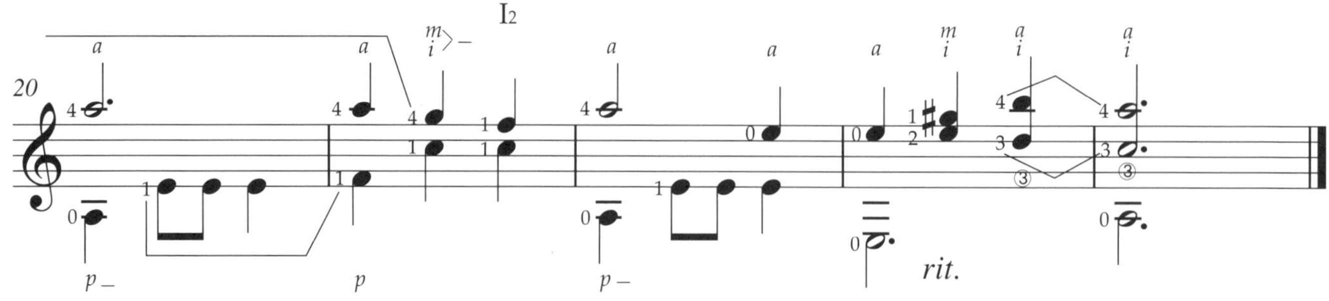

안단티노

Andantino

Andantino

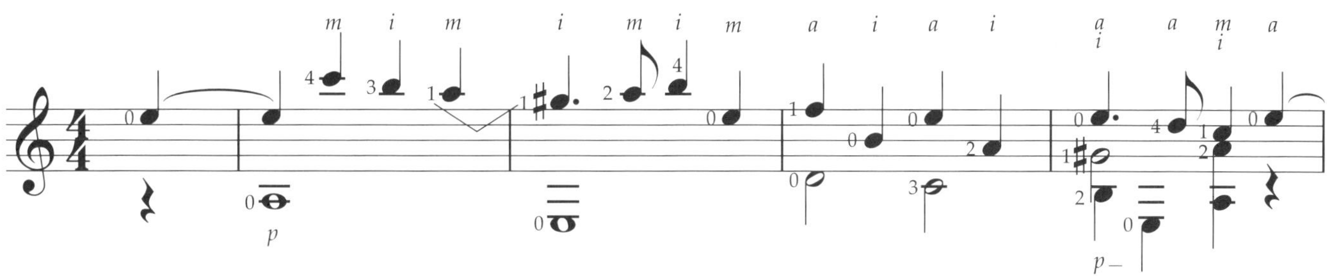

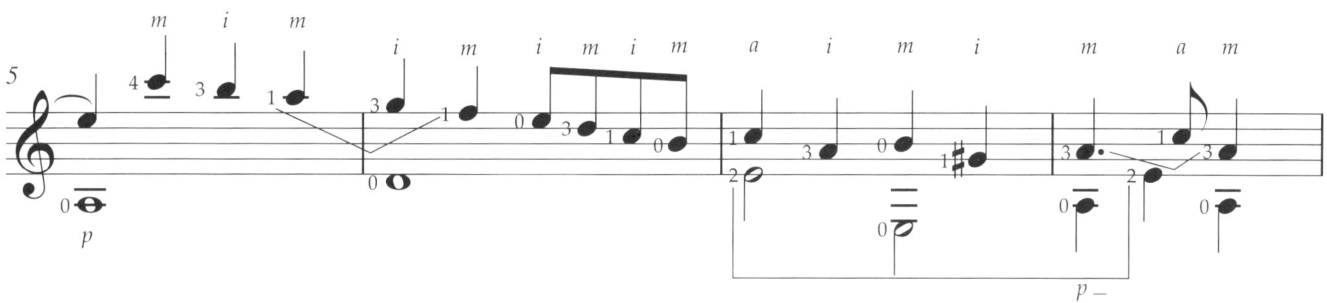

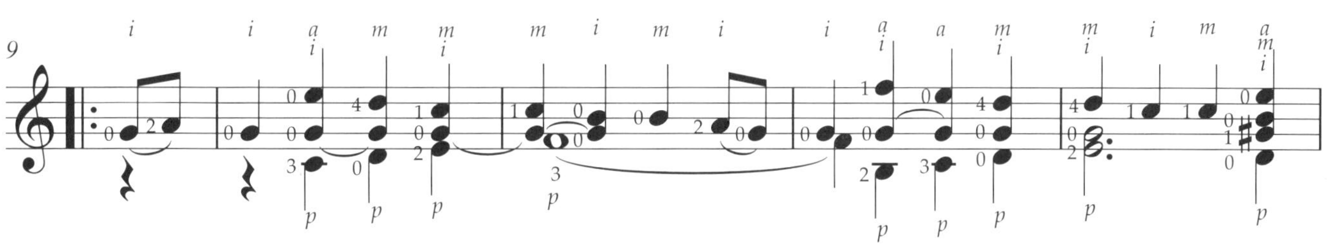

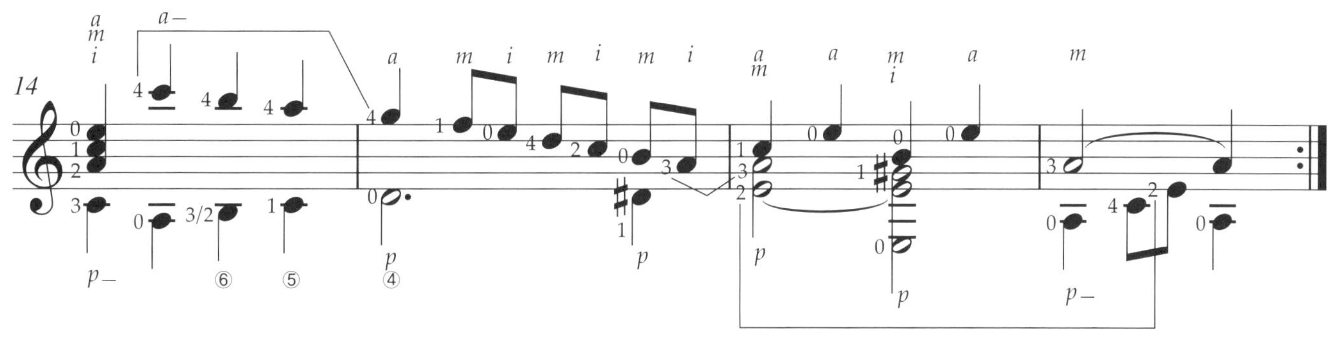

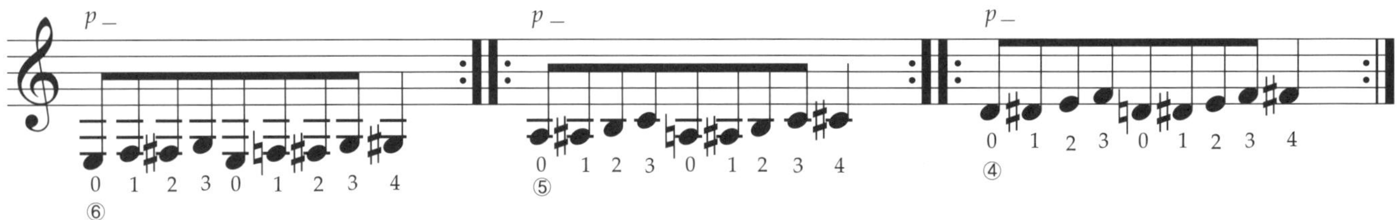

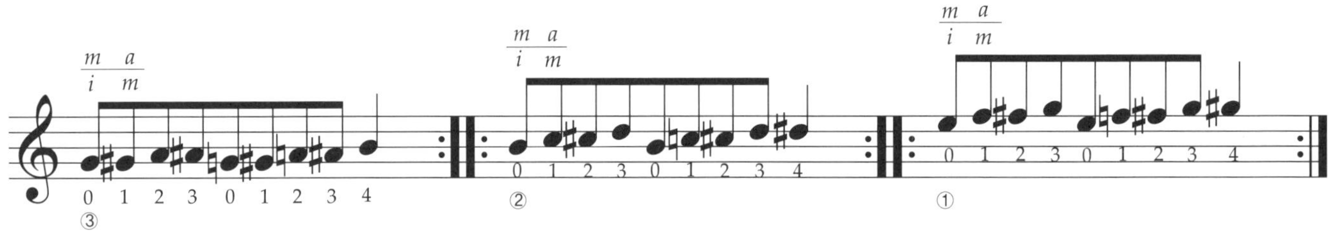

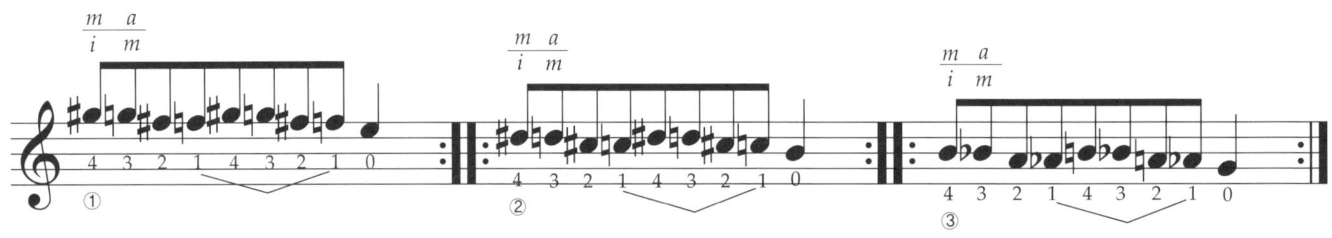

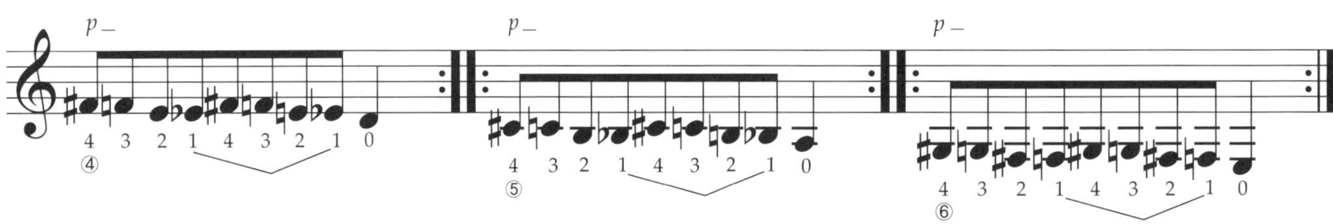

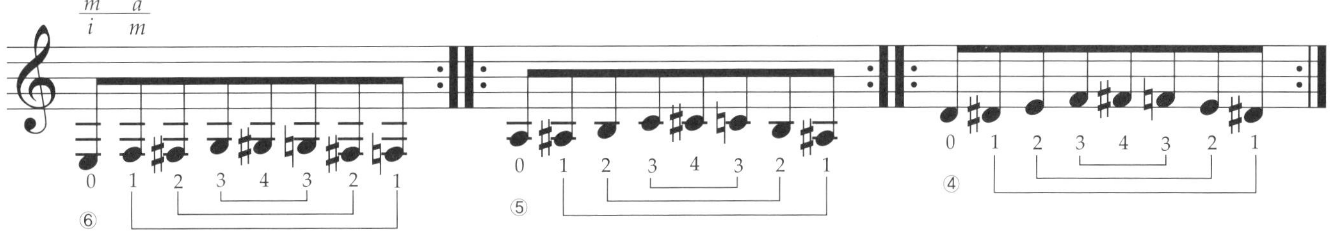

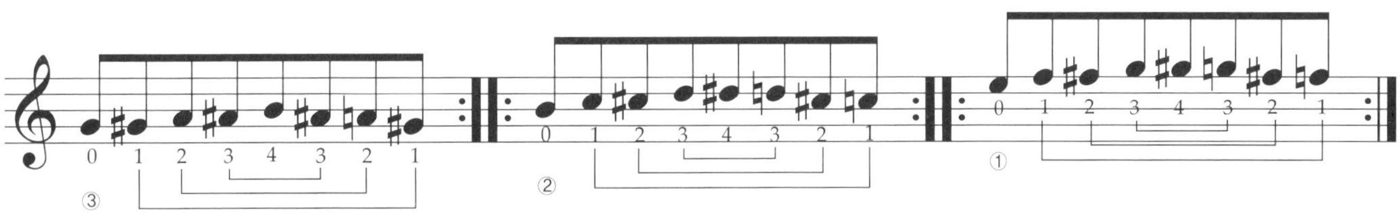

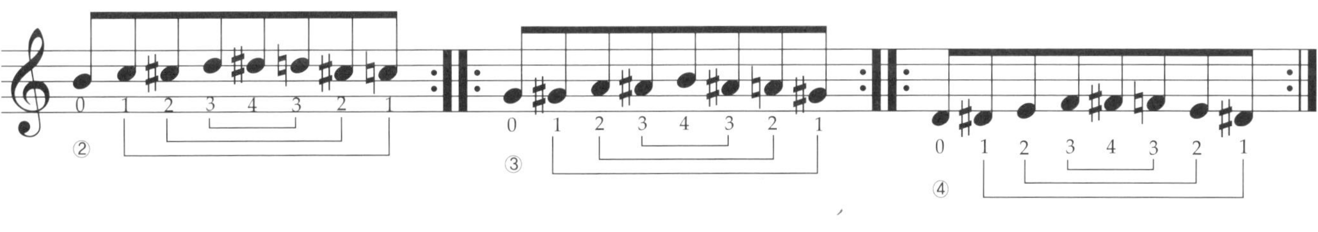

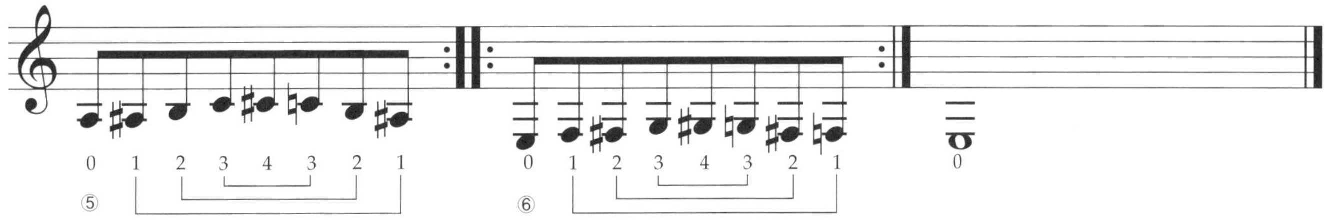

꾸밈음(Ornament)

본음(선율을 구성하는 음)을 중심으로 전후에서 꾸며지는 음(보조음)을 꾸밈음이라고 합니다. 꾸밈음은 음표로 기보하는데 기호로도 표기합니다. 기타에서 사용되는 꾸밈음들은 대체로 리가도(슬러)주법을 사용합니다. 자주 사용되는 기본적인 꾸밈음들은 아래와 같습니다.

앞꾸밈음 전타음(Appoggiatura)[이] 아포지아투라)이라고 합니다.

앞꾸밈음에는 짧은 앞꾸밈음(Acciaccatura[이] 아치아카투라 : 본음 앞에 붙는 짧은 꾸밈음으로 작은 음표에 빗금을 그어 나타내며 보통 본음과 리가도(⌒, ⌣)로 잇는다.) 긴 앞꾸밈음(Appoggiatura Lunga 아포지아투라 룽가 : 본음의 길이와 같거나 또는 그보다 긴 음가의 꾸밈음), 겹앞꾸밈음(이중 전타음)의 3종류가 있습니다. 아포지아투라는 뒤꾸밈음(Nachschlag[독])도 포함합니다.

잔결꾸밈음 연음이라고도 합니다. 주요 음과 위, 아래 인접음을 신속하게 왕복하는 꾸밈음으로 상행연음은 프랄트릴러(Pralltriller[독])라고 하고, 하행연음은 잔결음(Mordente 모르덴테[영]) 또는 떤음이라고도 합니다. 횟수는 주로 음표의 길이로 결정합니다. 이 왕복운동을 반복하는 것은 겹모르덴트라고 합니다.

돈꾸밈음 회음이라고도 합니다. 본음을 중심으로 그 위, 아래음으로 구성되는 꾸밈음입니다.
〈Turne[영] 턴〉, 〈Gruppetto[이] 그루페토〉, 〈Double[프] 두블레〉로 부름.

리가도(Ligado=Slur)에 의한 앞꾸밈음 연습

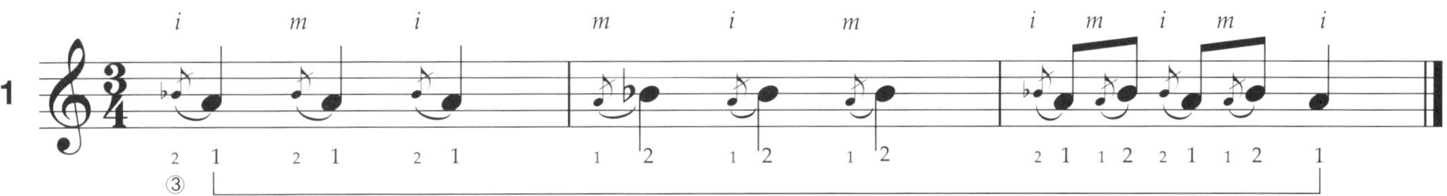

i   m   i   m   i   m   i m i m   i

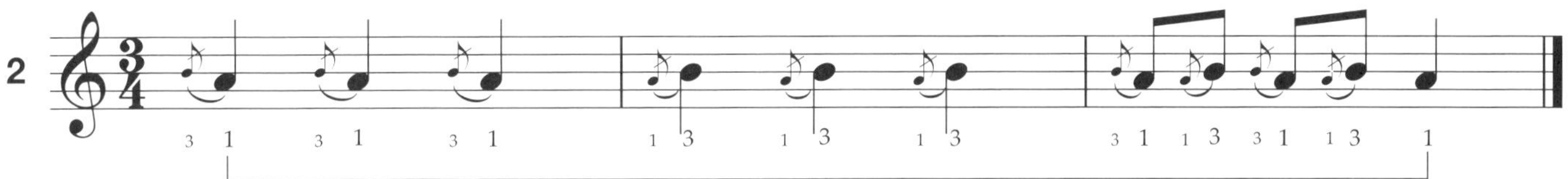

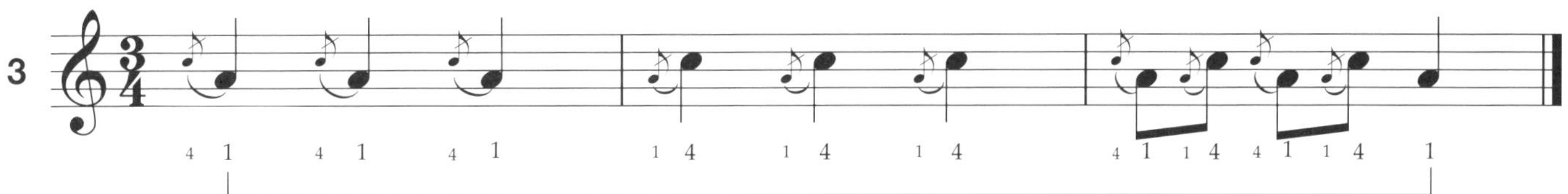

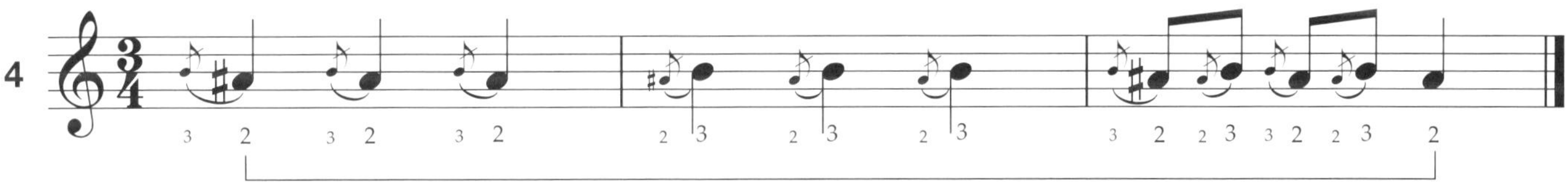

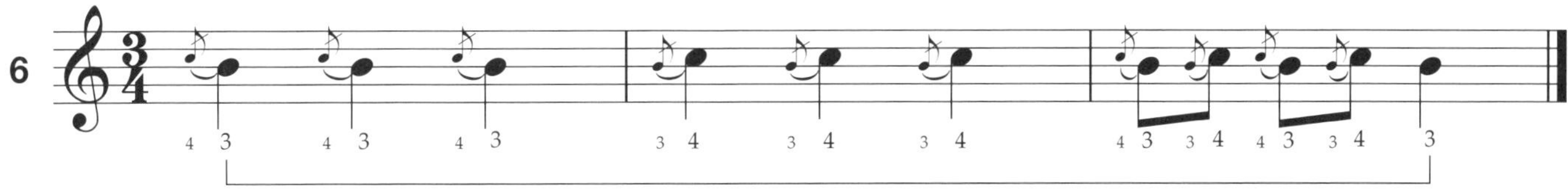

스카보로의 추억

Scarborough Fair
스카보로 페어

England folk song
Arr. for Guitar by B. H. Heo

안단티노

Andantino Op.30 No.6

M. Giuliani

Andantino

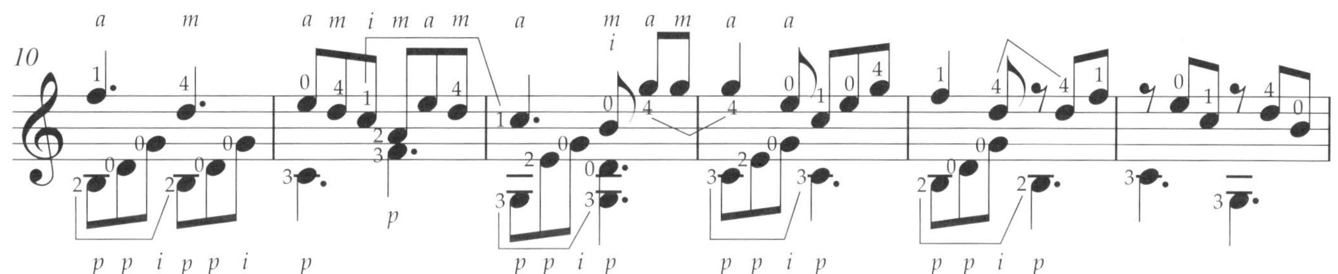

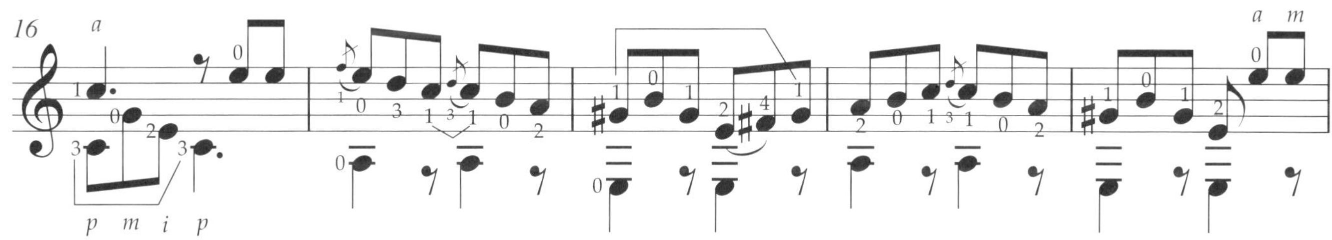

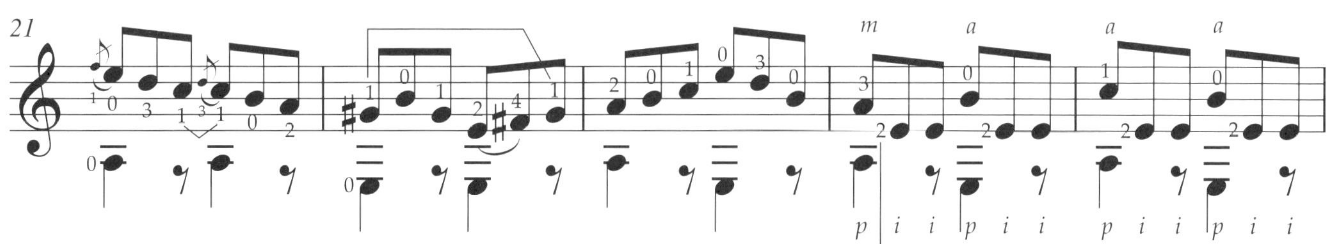

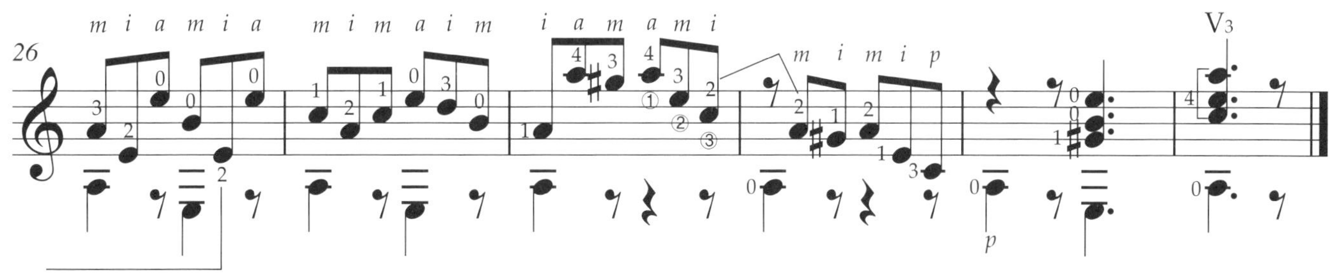

야생화

Les fleurs souvages

레 플뢰르 소바쥐

세네빌(Paul de Seneville)

Arr. for Guitar by B. H. Heo

D.S. : Dalsegño(달 세뇨)의 약자. 처음의 세뇨(𝄋) 표시가 있는 곳으로 돌아가서 코다(⊕)가 있는 54마디까지 와서 69마디로 건너 뛰어 곡을 마침.

아르모니꼬스(Armónicos[스], 하모닉스 Harmonics[영])주법

아르모니꼬스 Armónicos(스) 혹은 하모닉스 Harmonics(영)로 불려지는 아르모니꼬스에는 아르모니꼬스 심플레스(Armónicos Simples, Natural Harmonics)와 아르모니꼬스 옥타바도스(Armónicos Octavados, Artificial Harmonics)가 있습니다. 타악기와 건반악기를 제외한 대부분의 악기에서 어떤 음을 소리 냈을 때 그 바탕음보다 높이 나는 소리가 있는데 그 소리를 배음, 즉 아르모니꼬스(하모닉스)라고 합니다. 기타의 아르모니꼬스는 지판 상에서 낼 수 없는 높은 음역을 나타낼 때 자주 사용되는데 그 음이 맑고 청명하여 흔히 종소리 효과를 내는데도 많이 사용되는 주법입니다.

단순 아르모니꼬스(자연 하모닉스) 도표(1) 모든 줄의 $\frac{1}{2}$ (12프렛), $\frac{1}{3}$ (7프렛), $\frac{1}{4}$ (5프렛), $\frac{1}{5}$ (4프렛 = 9프렛), $\frac{1}{6}$ (3프렛) 지점에서 얻는 모든 배음을 말합니다.

지점	프렛	실제 음높이
줄의 $\frac{1}{2}$	12°	1옥타브 + 윗소리
줄의 $\frac{1}{3}$	7°	1옥타브 + 완5도 윗소리
줄의 $\frac{1}{4}$	5°	2옥타브 + 윗소리
줄의 $\frac{1}{5}$	4° = 9°	2옥타브 + 장3도 윗소리
줄의 $\frac{1}{6}$	3°	2옥타브 + 완5도 윗소리

- 배음(실제 음 높이)은 개방현에 있는 바탕음을 기준으로 한 것입니다.
- 4프렛과 9프렛은 음높이가 같습니다.

표기법 아르모니꼬스 표기는 약자로 Harm., harm., har., Arms., arm 등 출판사마다 약간씩 다른 표기법을 사용하고 있는데, 이 책은 단순 아르모니꼬스(자연 하모니스)는 영어식 약자인 harm.과 프렛 고유번호(12°, 9°, 7°, 5°, 4°, 3°) 그리고 마름모꼴 음표(♩)를 사용하여 썼고, 뒤에 나오는 아르모니꼬스 옥따바도스(인위적 하모닉스)는 스페인어 약자인 arm., 8dos.로 통일하여 표기하였습니다.

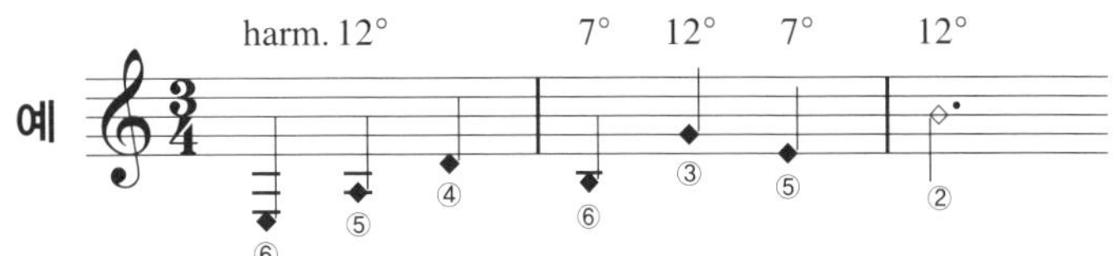

소리 내는 방법 주어진 줄의 지정된 프렛(하모닉스 포인트)에 왼손가락을 세워서(세히야 할 때처럼 손가락을 펴서) 줄에 가볍게 댄 후 오른손으로 줄을 퉁긴 직후–줄을 퉁기자마자– 바로 왼손가락을 떼어내면 바탕음보다 높은 하모닉스 음(배음)이 납니다. 하모닉스 포인트에 대는 손가락은 힘주어 줄을 누르지 않도록 합니다. 또한 사운드홀 보다는 약간 브리지 쪽에서 줄을 퉁길 때 더 크고 밝은 배음을 얻을 수 있습니다.

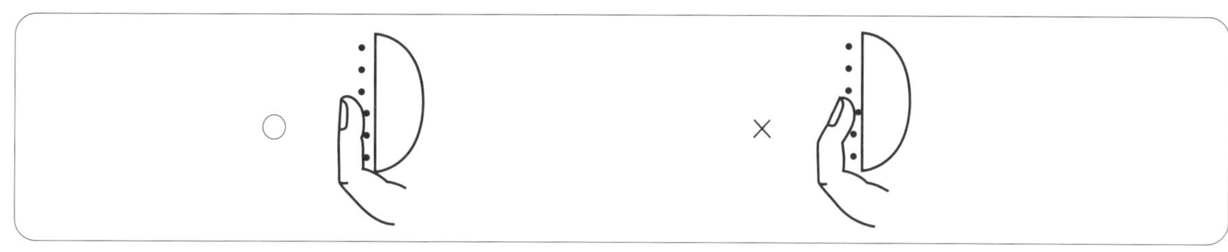

손가락을 바르게 세워서 줄에 가볍게 댄 후 오른손가락으로 줄을 퉁깁니다.

단순 아르모니꼬스(자연 하모닉스) 도표(2)

줄의 지점	$\frac{1}{2}$	$\frac{1}{3}$	$\frac{1}{4}$	$\frac{1}{5}$	$\frac{1}{6}$
프렛	12°	7°	5°	4°, 9°	3°
배음의 실제높이	1옥타브 윗소리	1옥타브+완전5도 위	2옥타브 위	2옥타브+장3도 위	2옥타브+완5도 위

바탕음 ①번선

②번선

③번선

④번선

⑤번선

⑥번선

단순 아르모니꼬스(자연 하모닉스)연습

▶ ①번선 a
②번선 m
③번선 i
④⑤⑥번선 p

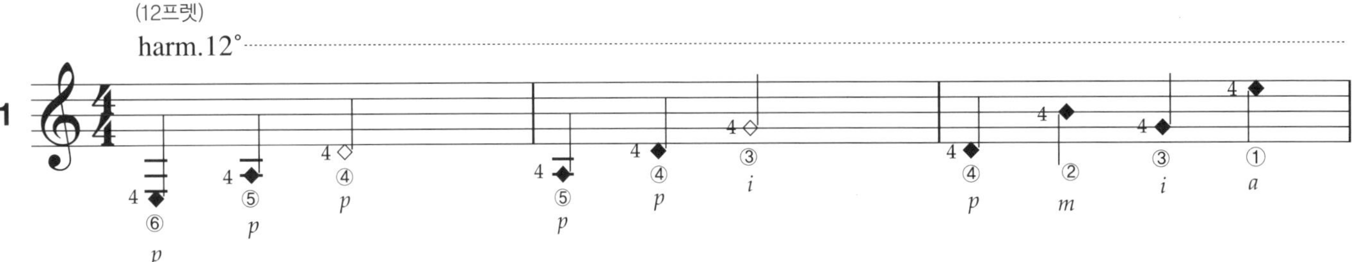
(12프렛)
harm.12°

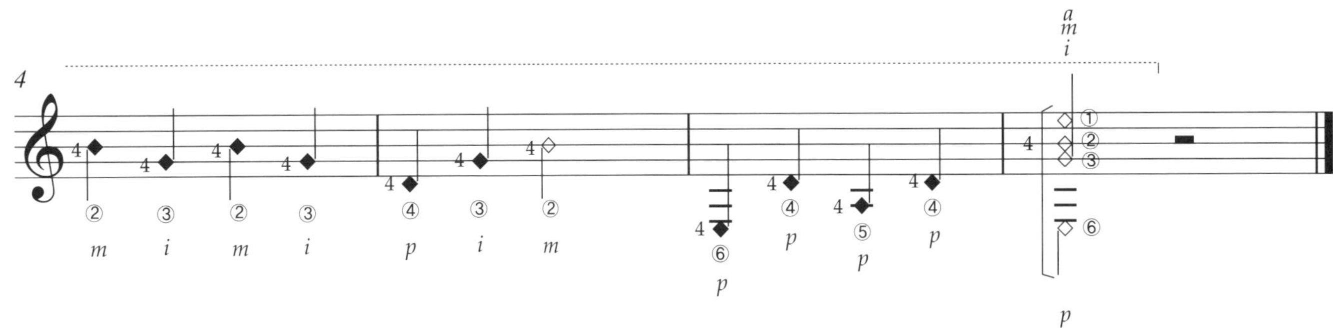

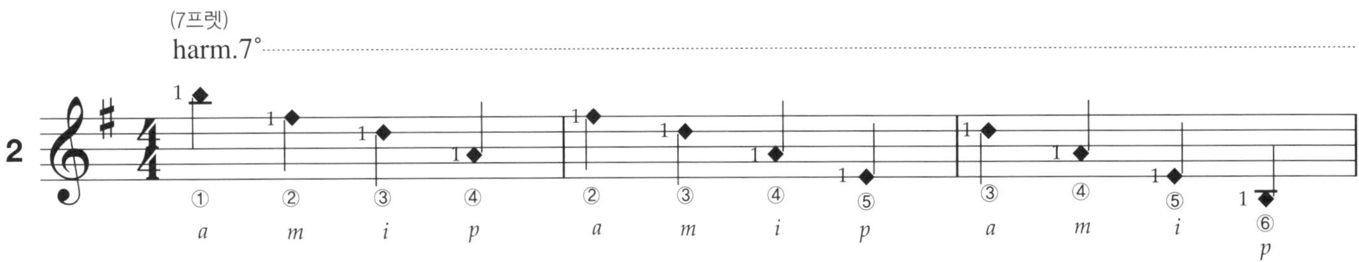
(7프렛)
harm.7°

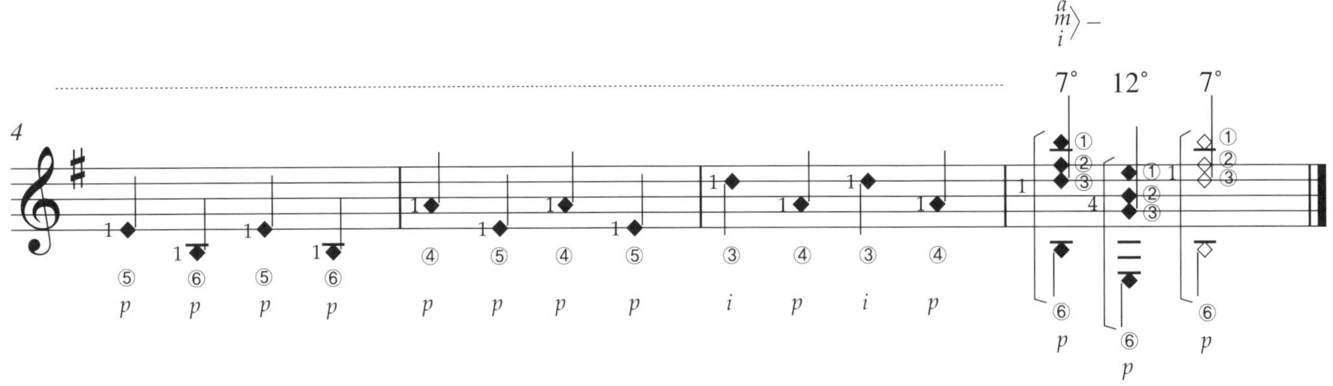

새야 새야 파랑새야

Seya Seya Parang Seya

Korean folk song
Trans. for Guitar by B. H. Heo

▶ ①번선 a
②번선 m
③번선 i
④⑤번선 p

Lento

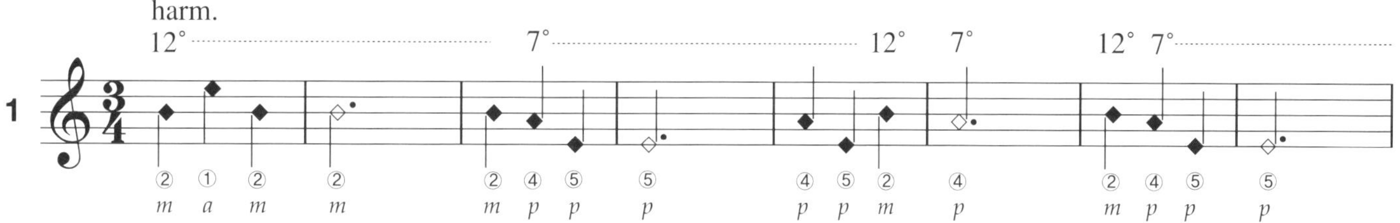

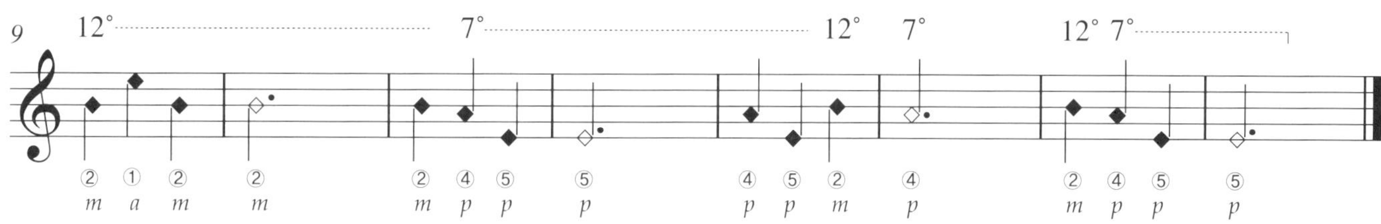

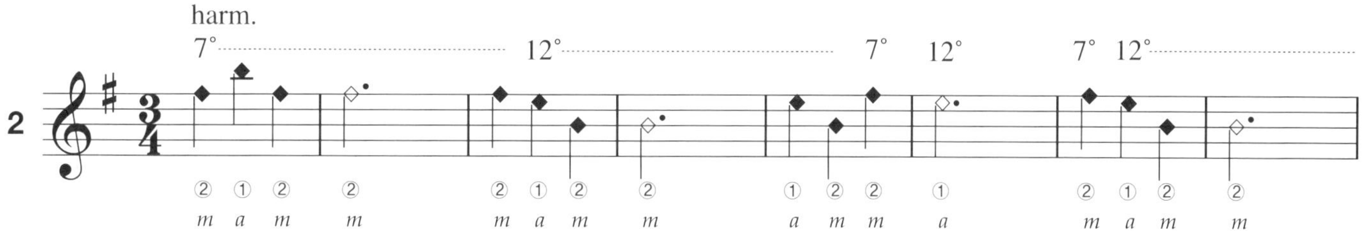

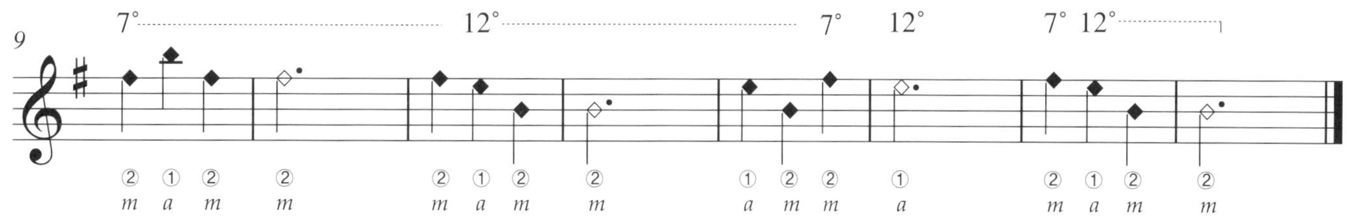

아리랑

Arirang

Korean folk song
Trans. for Guitar by B. H. Heo

Moderato

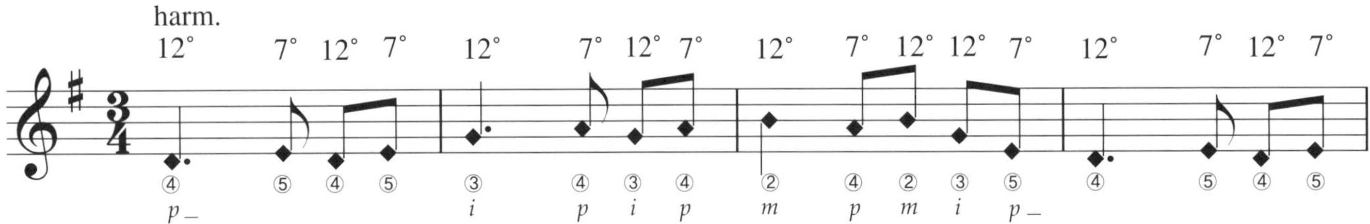

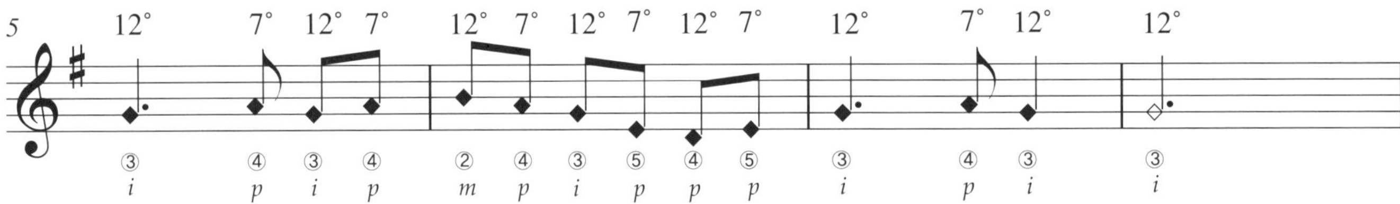

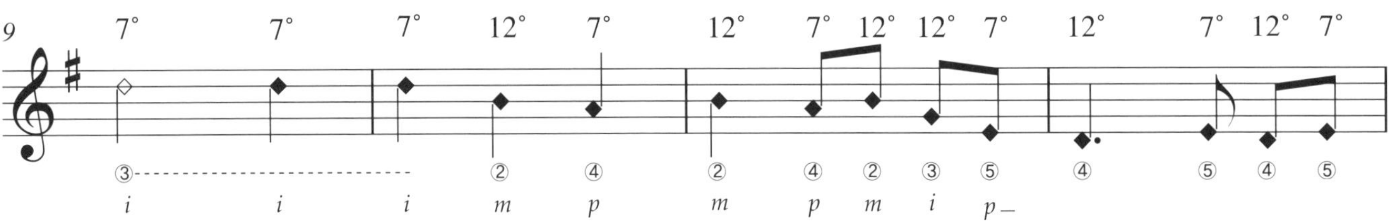

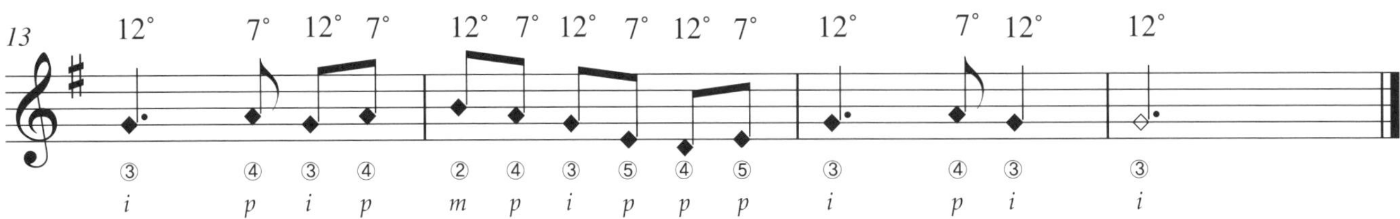

달 빛

Au clair de la lune
오 끌레흐 드 라 륀

French folk song
Trans. for Guitar by B. H. Heo

▶ ①번선 a
②번선 m
③번선 i
④⑤번선 p

Moderato

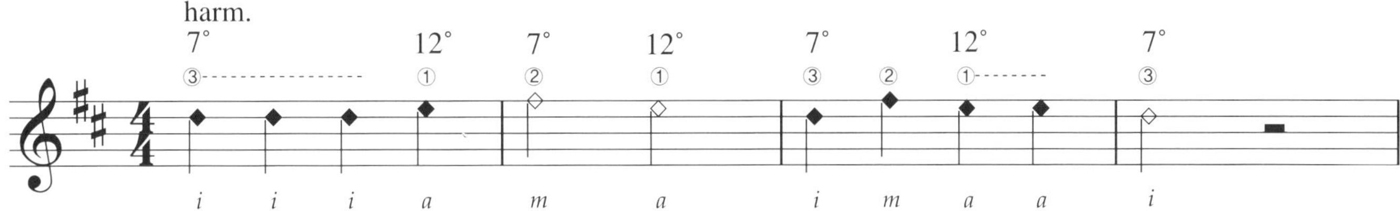

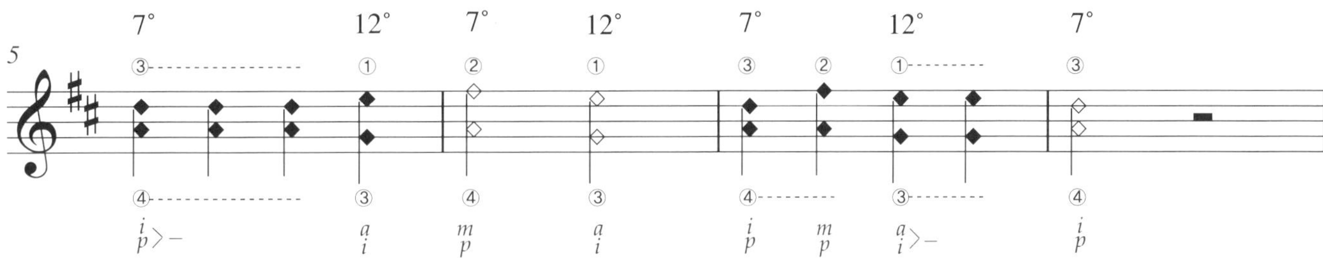

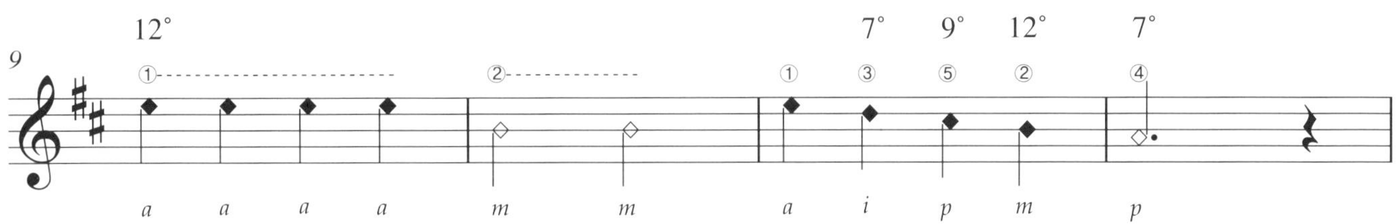

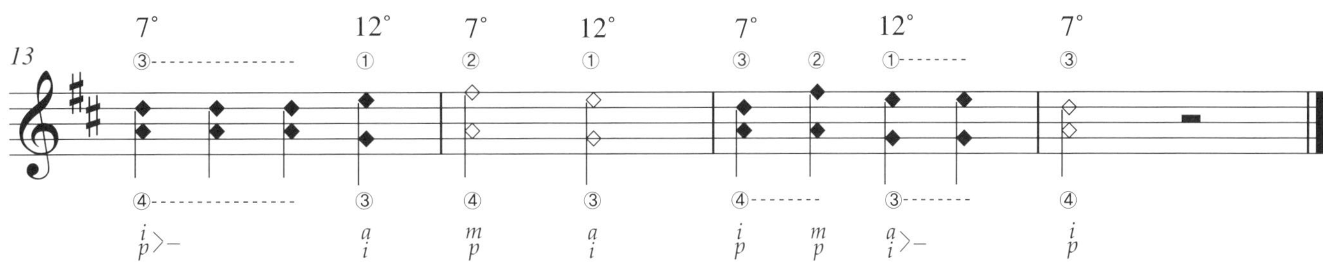

〈매일연습〉

사장조 음계(G Major scale)　　모든 Fa를 반음 올림

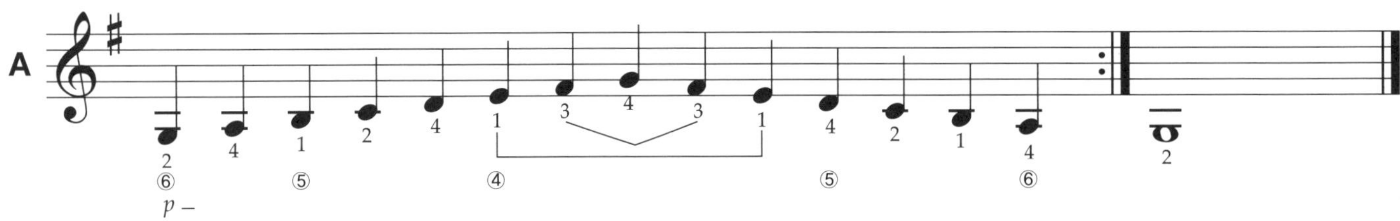

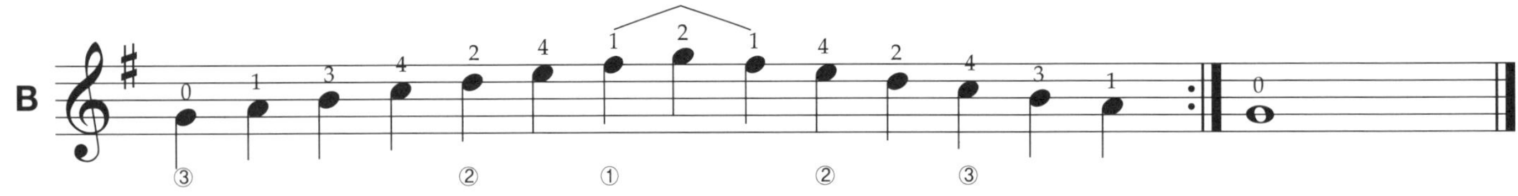

방법 형식	오른손	응용리듬	주법	주의	
				왼손	오른손
1	$\frac{am}{ai}$ 교대	Sol　　La	⊓	• 각 손가락 굽히고 벌리고 평행이동 • 줄을 잡아 당기며 누르지 않기 • 기둥손 · 길잡이손 지키기	• ⊓ . Ⴁ 고른 연습 • 교대동작 정확히 • Ⴁ에서 다음 줄에 손가락이 머물 　때 손톱이 닿지 않게 • 바른 위치에서 천천히 큰소리로
2	$\frac{ima}{ami}$ 교대	Sol　　La			
3	$\frac{im}{mi}$ 교대	Sol　La　Si　Do	Ⴁ		

마침꼴(Cadence)

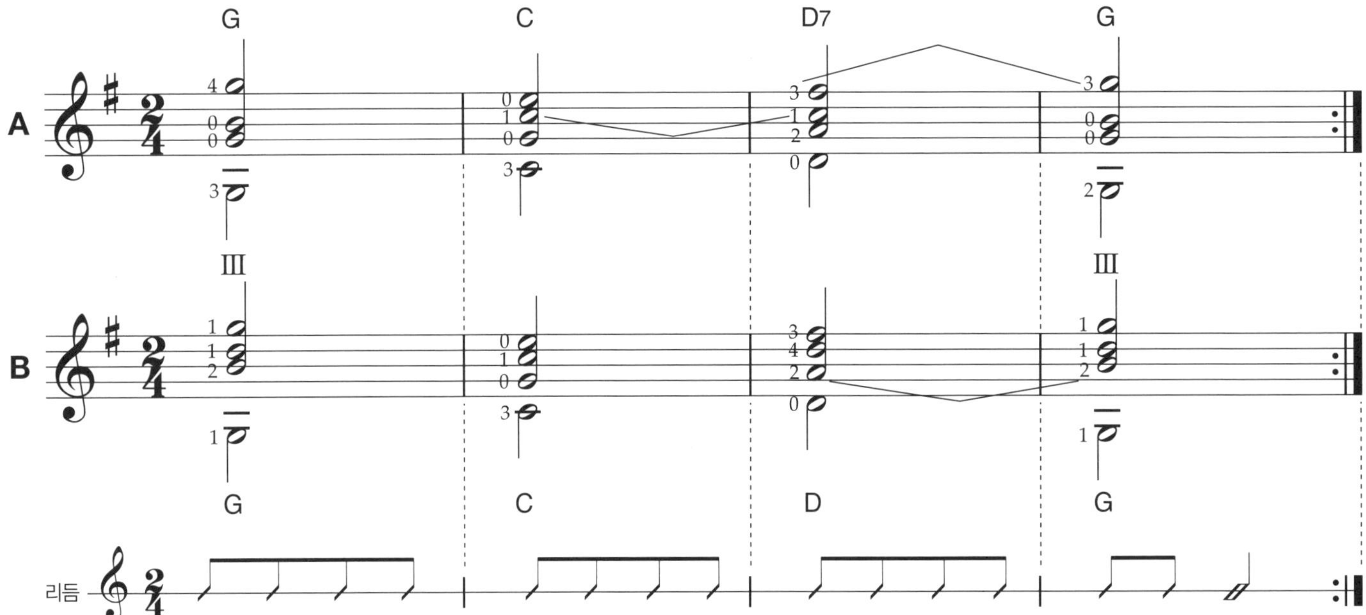

위풍당당 행진곡 주제

Pomo and Circumstance Marches 중에서

포모 앤드 서컴스탠스 마취

엘가(E. W. Elgar)

(1857~1934 영)

Arr. for Guitar by B. H. Heo

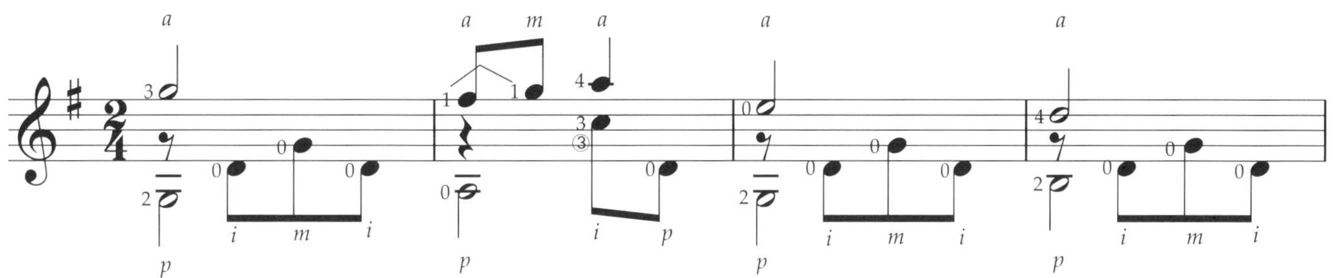

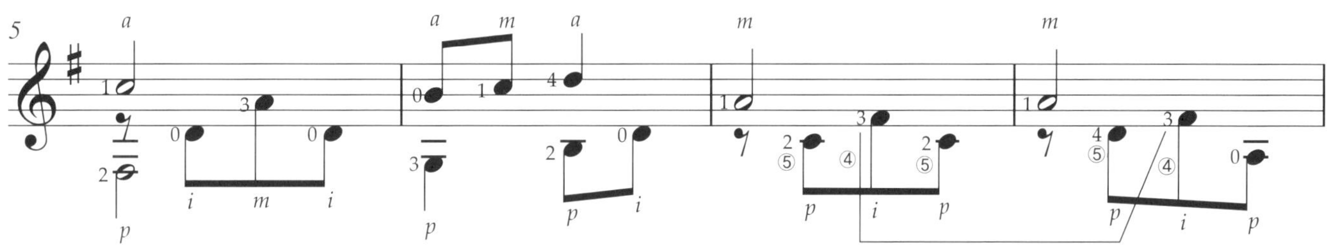

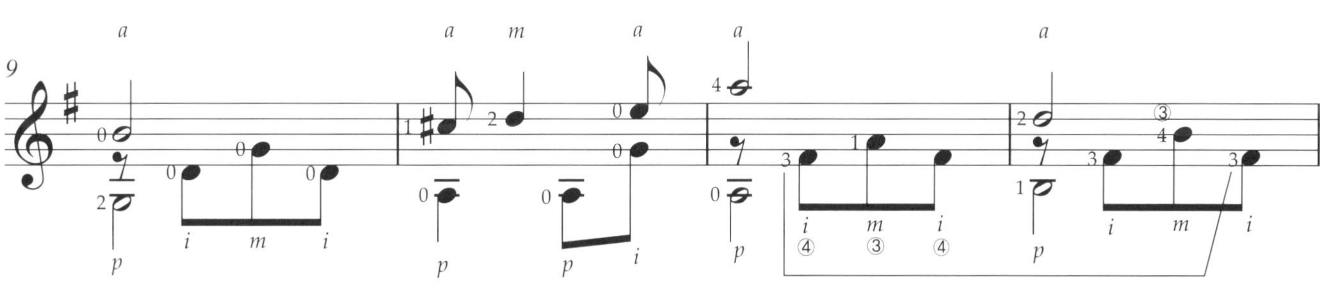

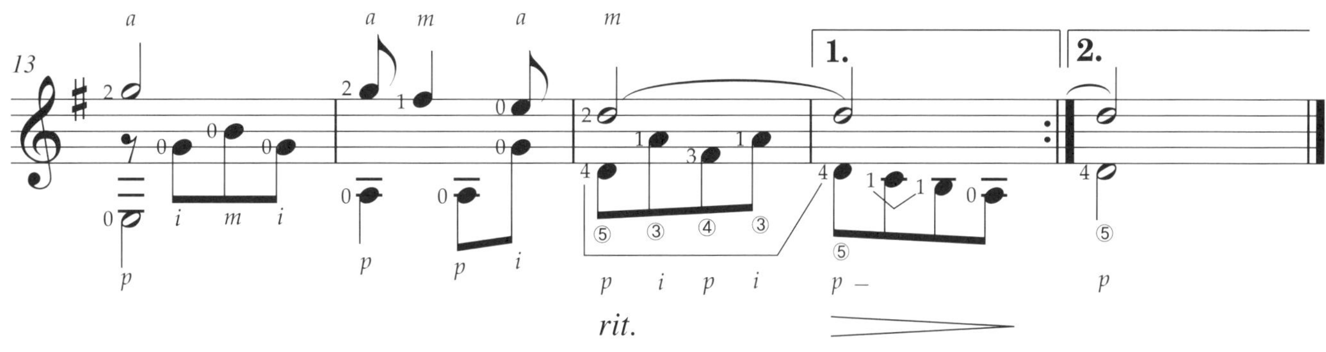

안단테
Andante

D. Aguado

Andante

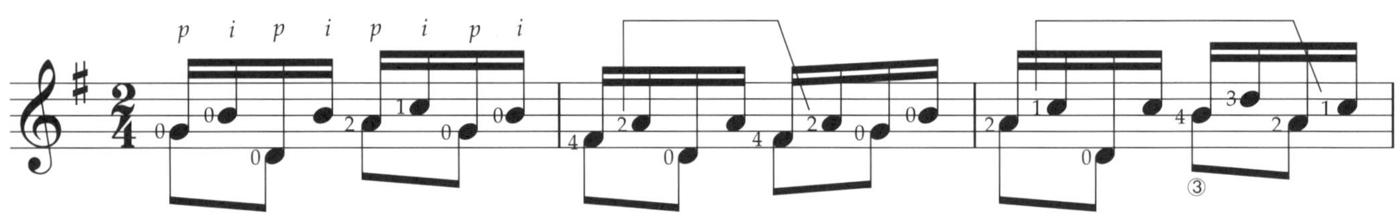

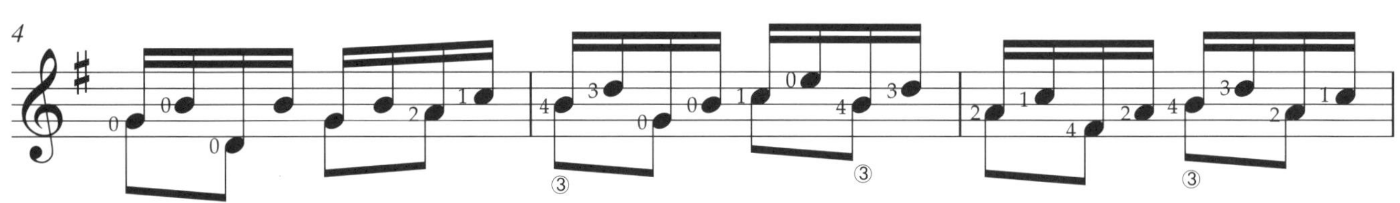

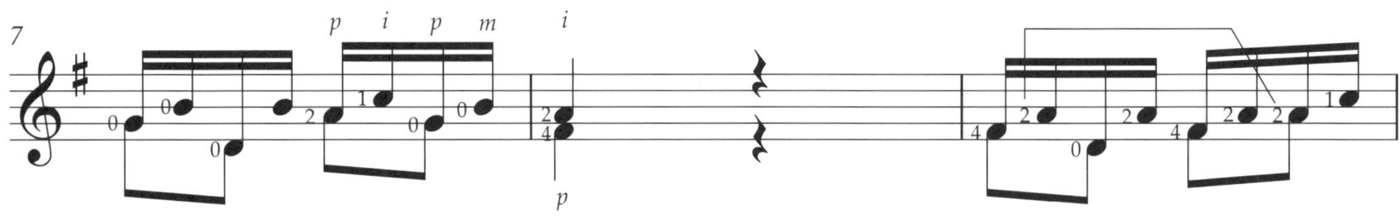

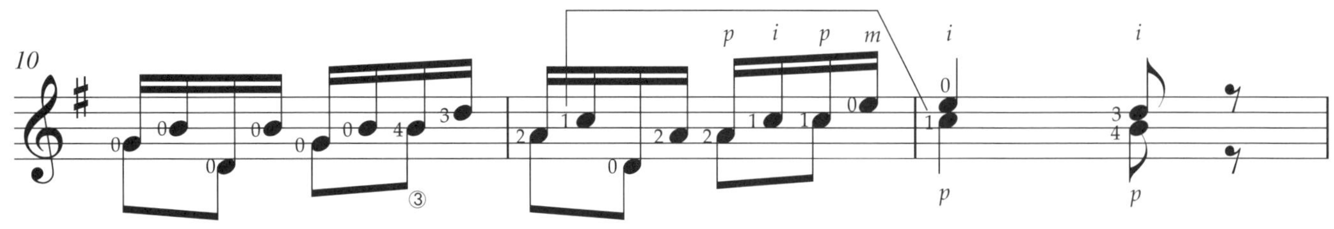

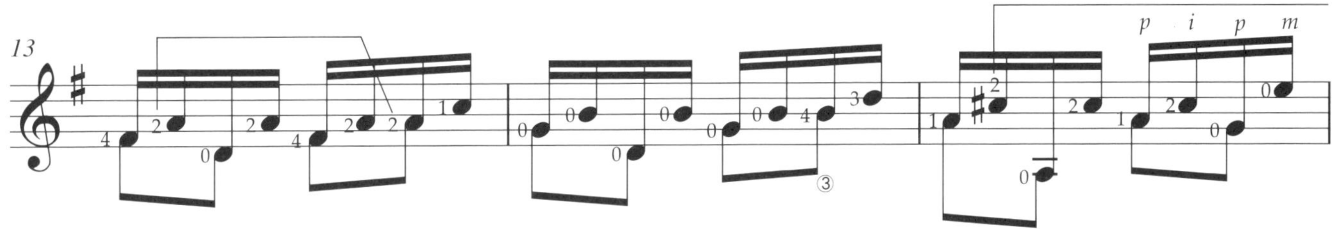

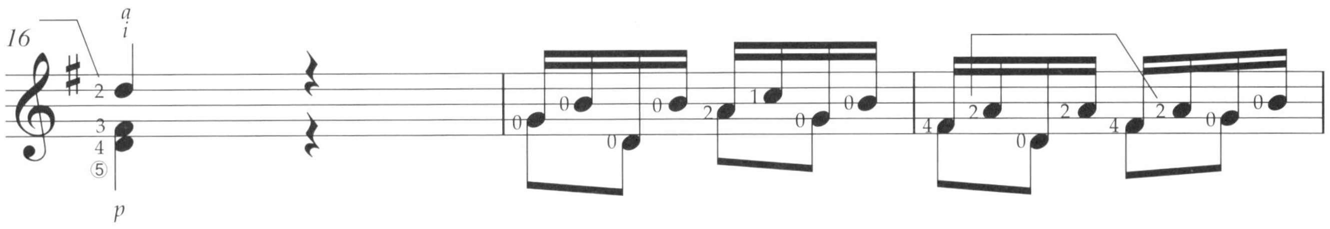

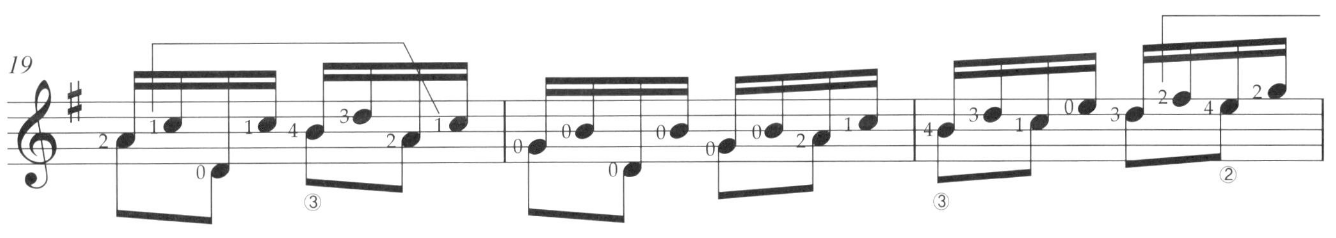

모데라토

Moderato Op.59 No.13

M. Carcassi

Moderato

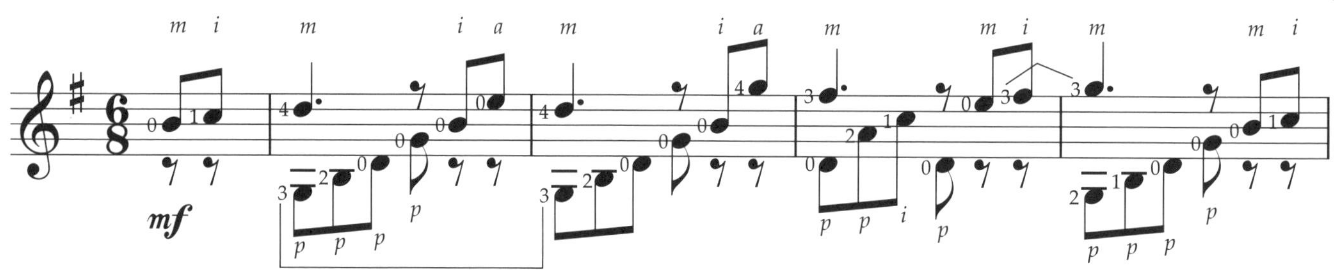

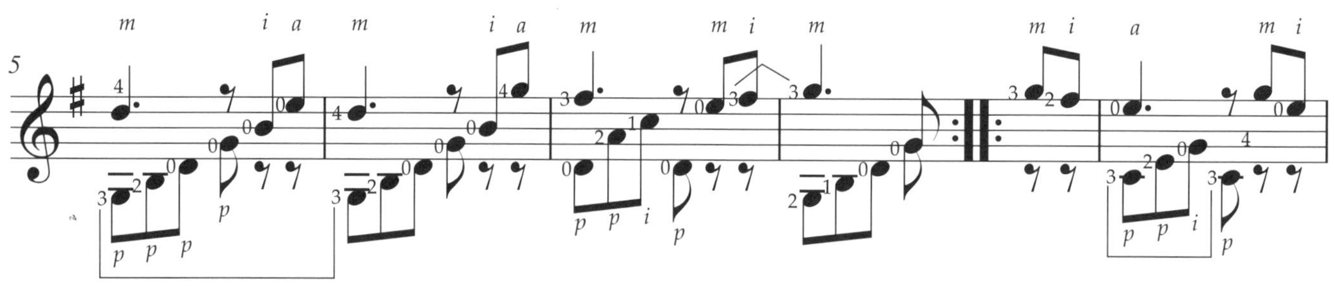

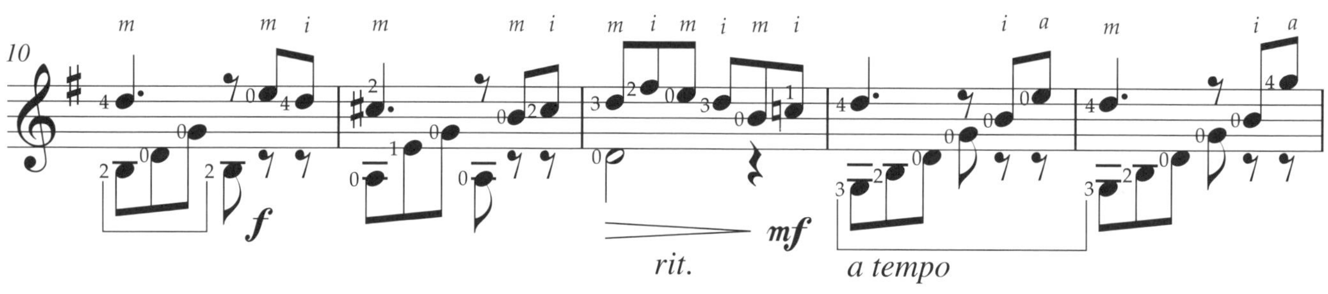

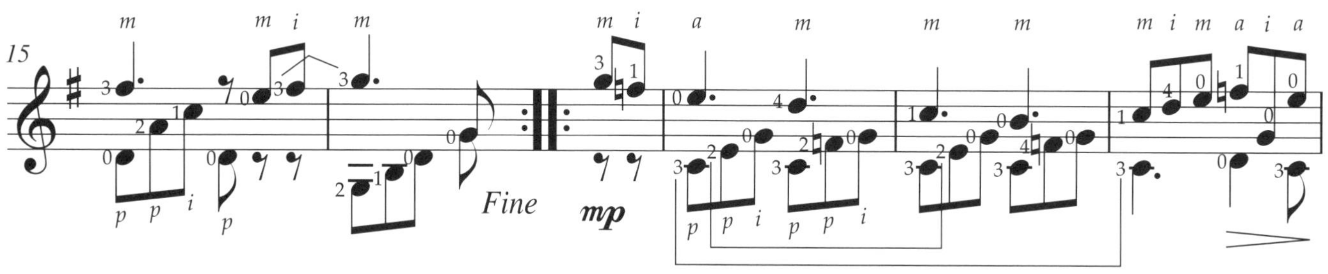

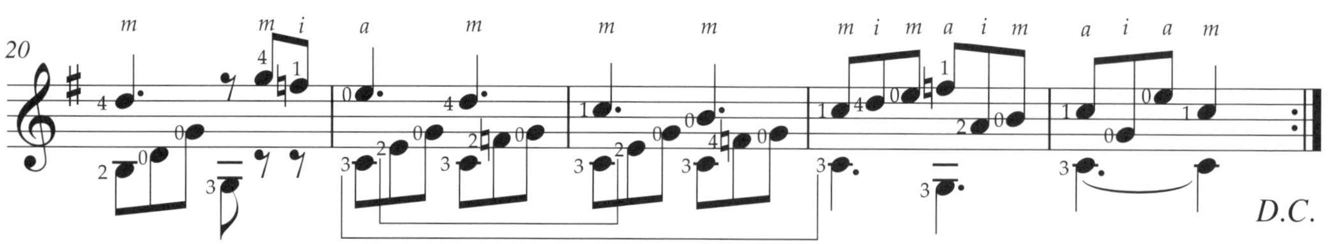

은파

Silvery waves

실버리 웨이브

와이먼(A.P. Wyman)
(1832~1872 미)

Arr. for Guitar by B. H. Heo

Moderato

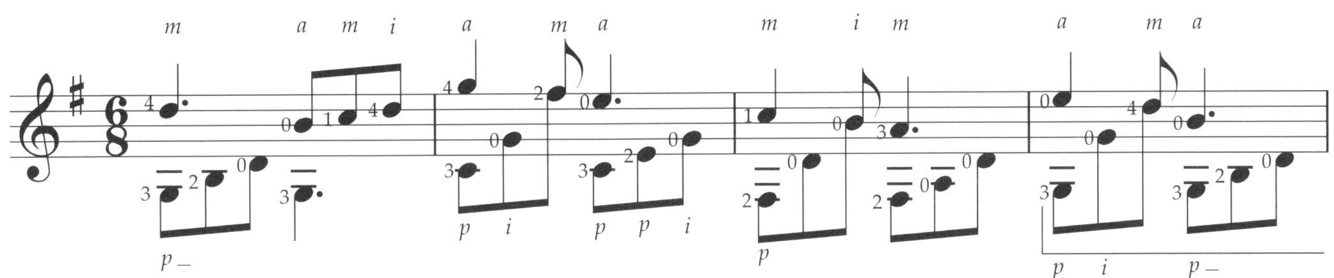

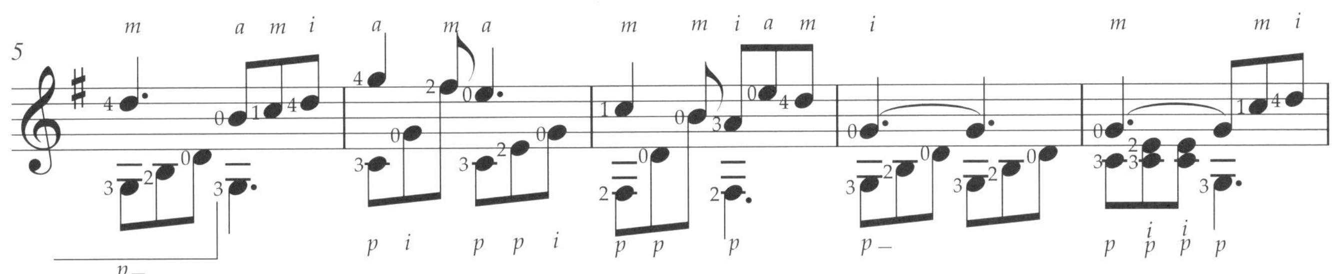

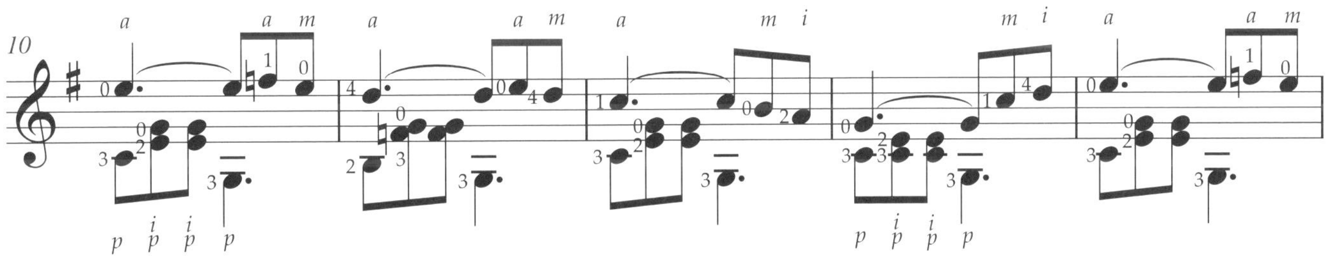

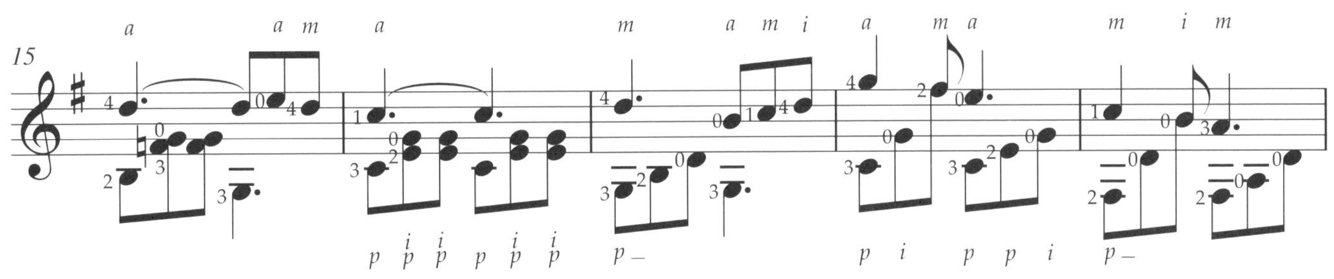

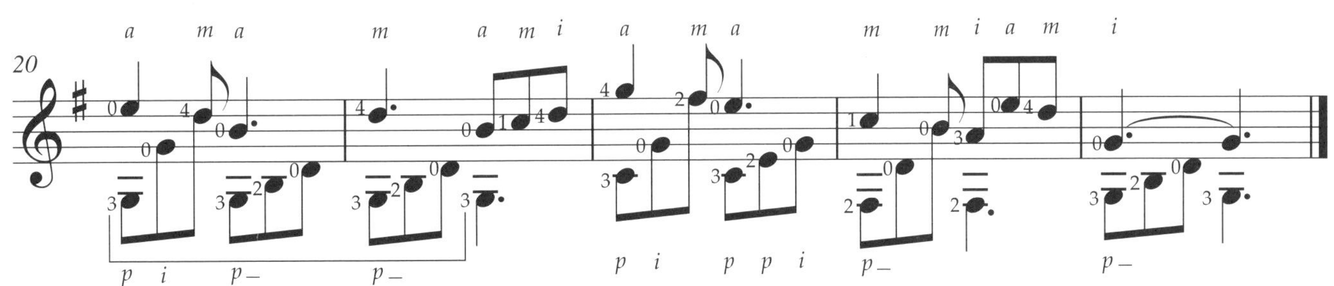

꿈속의 고향

(교향곡 From the New World Op.95 2악장 중에서)
프럼 더 뉴 월드

드보르작(A. L. Dvořák)
(1841~1904 체코슬로바키아)

Arr. for Guitar by B. H. Heo

Largo

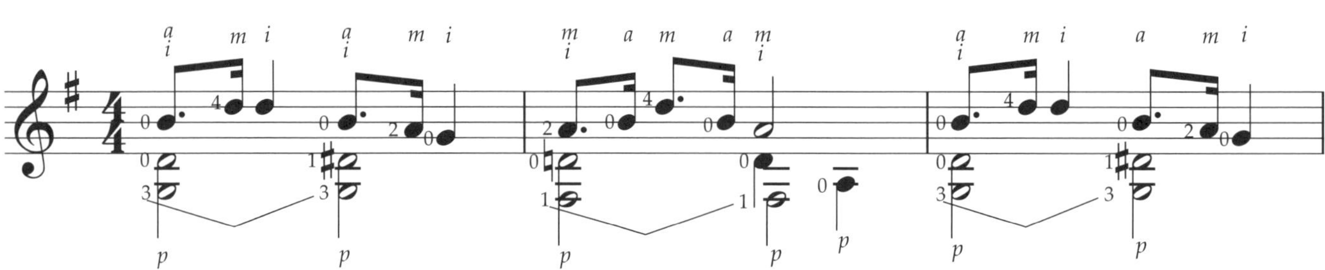

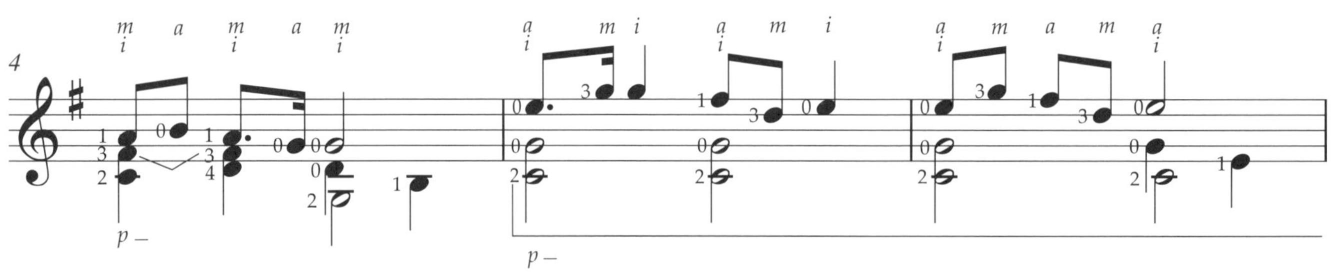

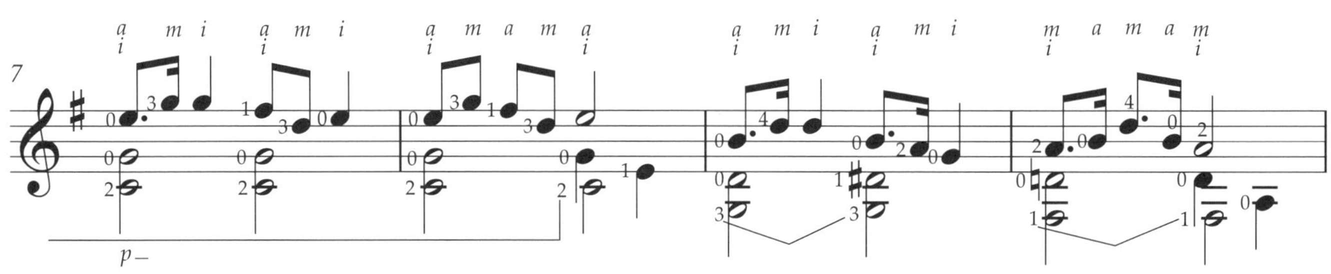

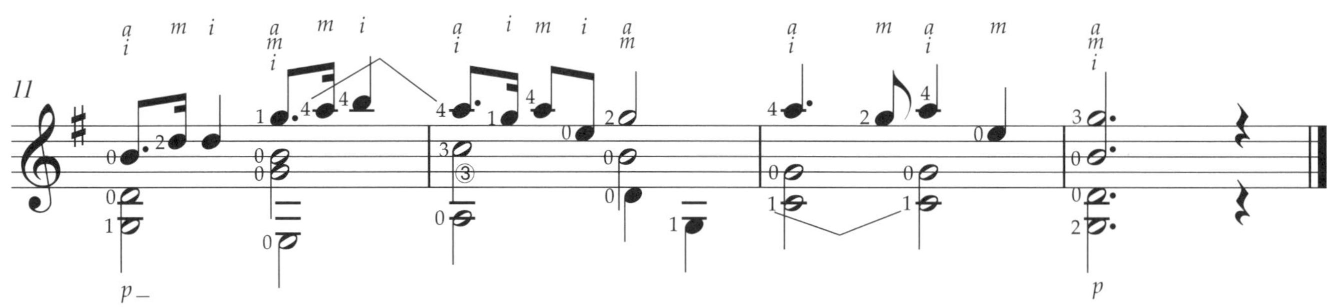

에델바이스

Edelweiss

리차드 로저스(Richard Rodgers)
(1902~1972 미)

Arr. for Guitar by B. H. Heo

Moderato

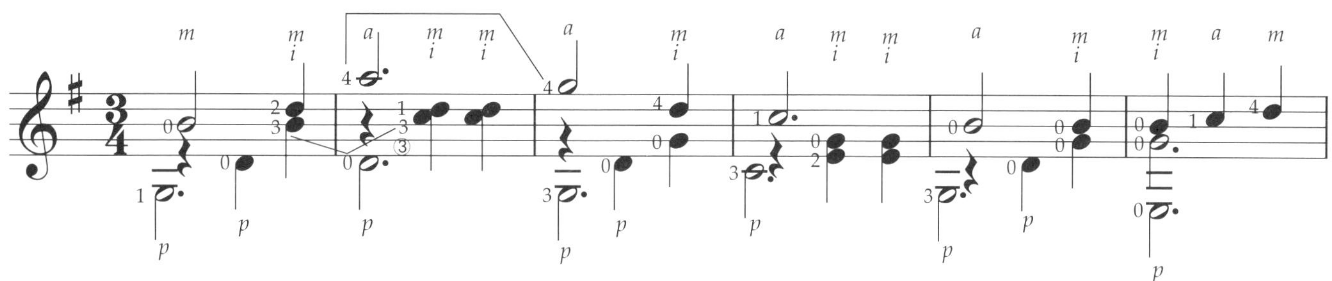

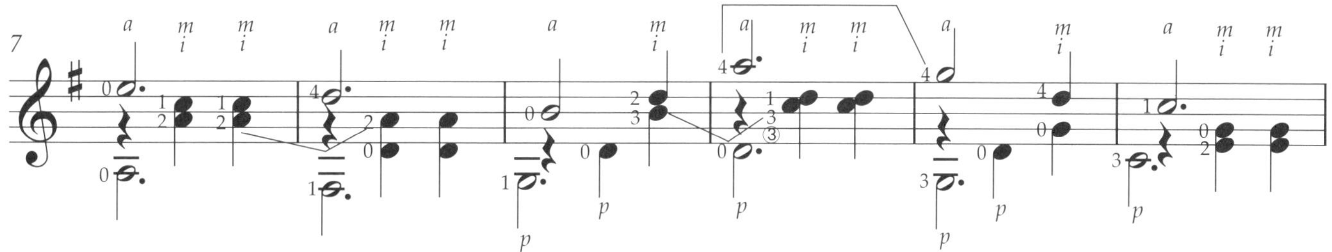

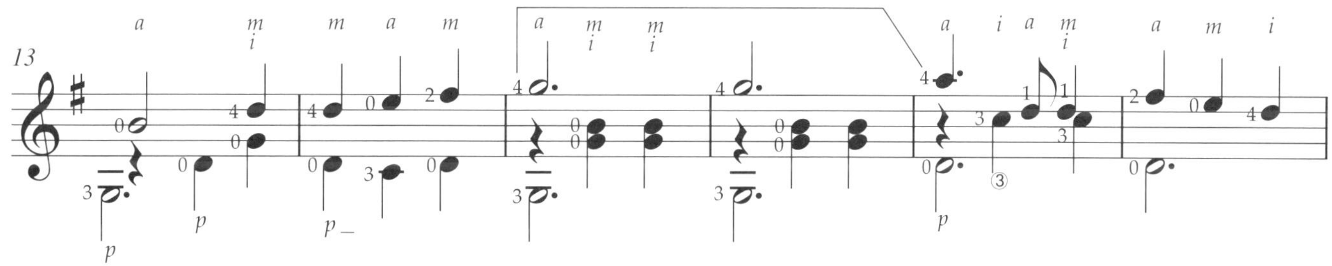

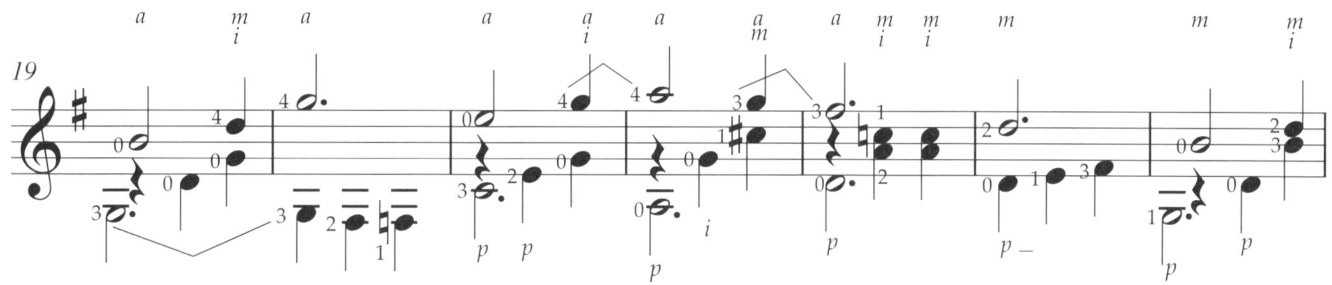

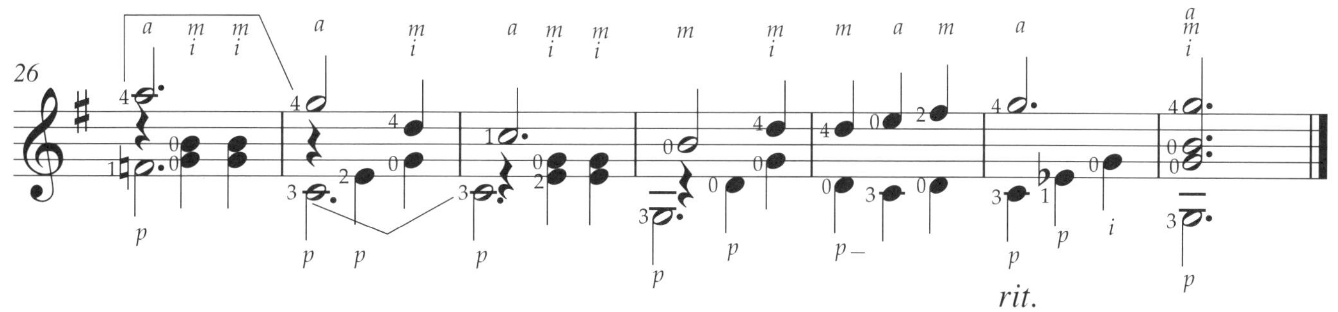

하이포지션 장음계 연습 High Position Major Scale(1)

▶ im교대

1
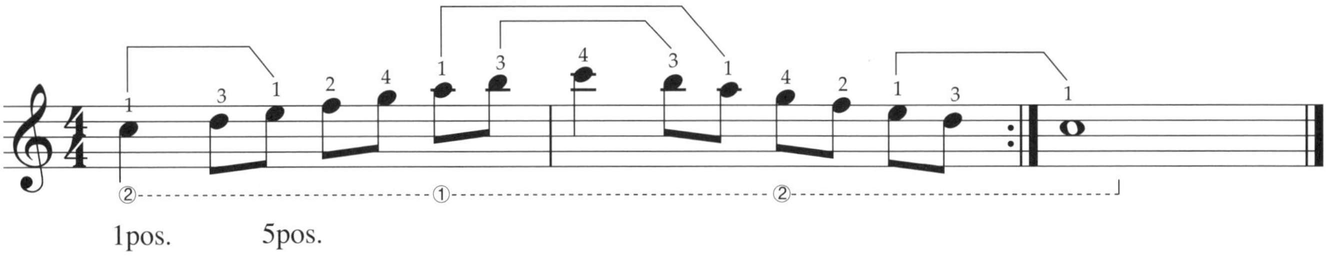

2
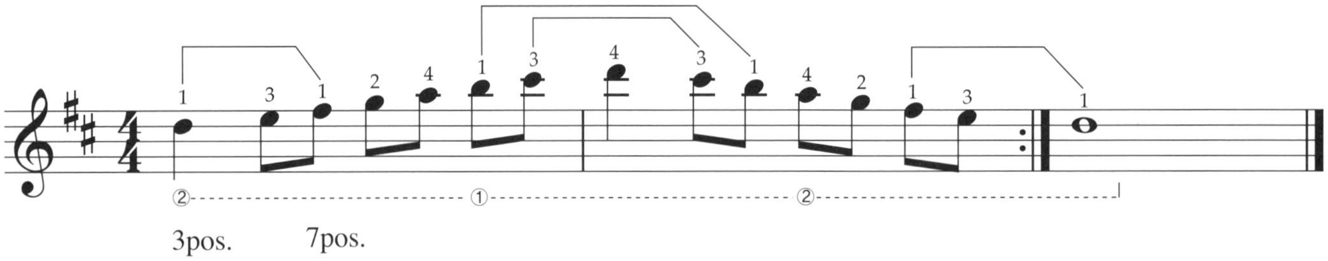

3
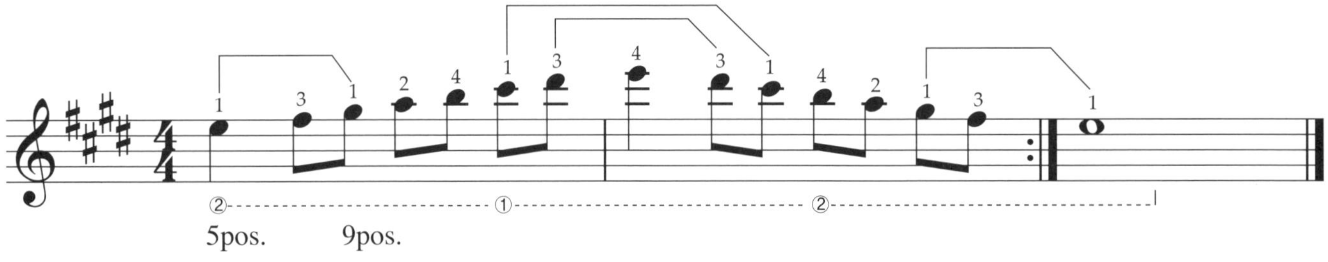

4
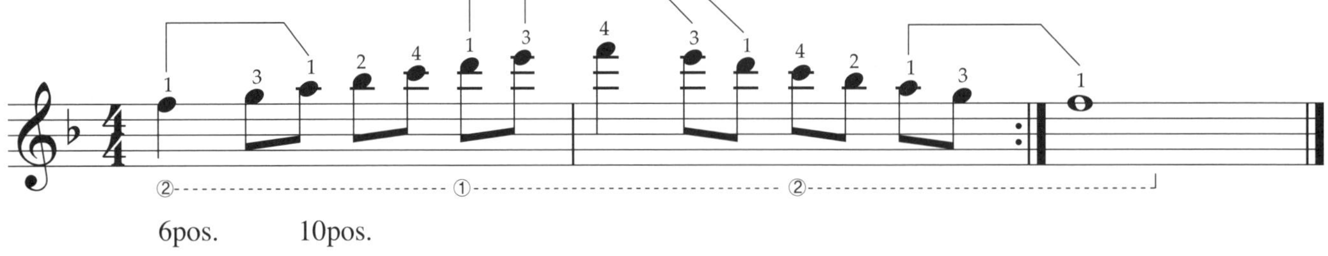

하이포지션 장음계 연습 High Position Major Scale(2)

▶ im교대 [illegible]business

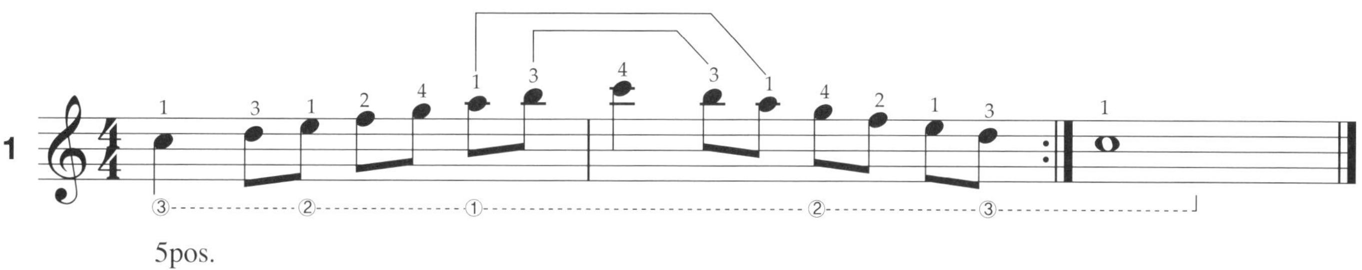

5pos.

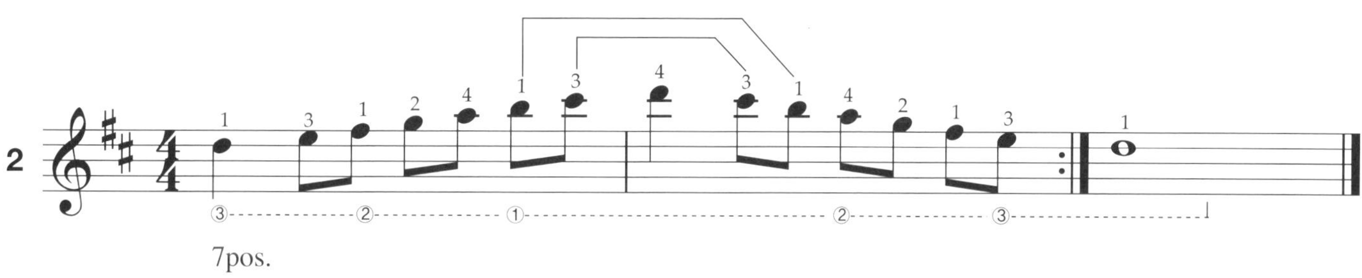

7pos.

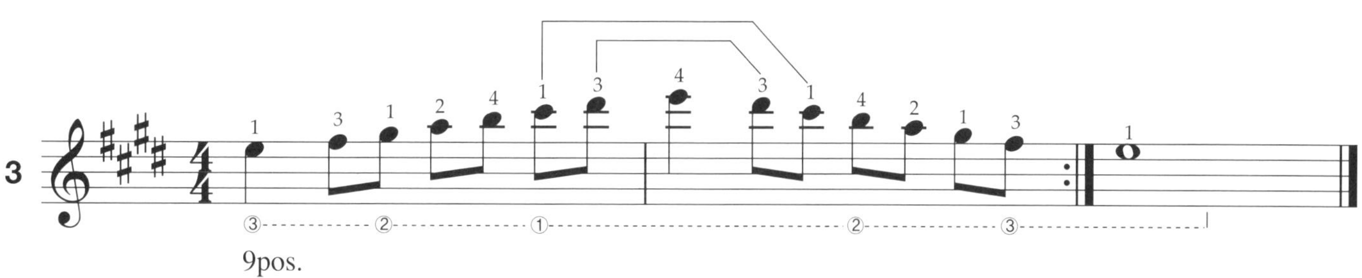

9pos.

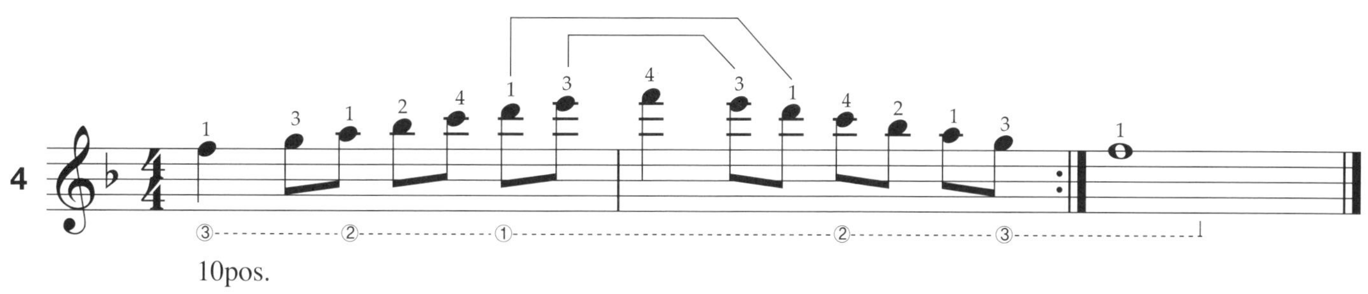

10pos.

12프렛(몸통부위에 있는 고음역 연습)에서 왼손 착지 요령

    지판 위에서 왼손의 변화가 가장 많은 곳입니다. 기타의 몸통이 왼손의 정상적인 진행(줄누름)을 방해하기 때문입니다. 아래 예를 통해서 보듯 포지션이 높아질수록 첫째 손가락의 3관절(손끝관절)이 굽혀지기 보다 오히려 충분히 펴서 눌러주는 것이 안정적이라는 것을 알 수 있습니다. 더불어 왼손의 팔(팔꿈치)도 옆구리에서 점점 떨어져 주어야 왼손을 더 멀리 높은 포지션이 있는 곳으로 보낼 수 있습니다.

    12프렛을 넘어가는 첫째 손가락의 고음역 착지요령은 3관절(손가락 끝 관절)의 부드럽고도 신축적인 운용이 착지의 관건입니다.

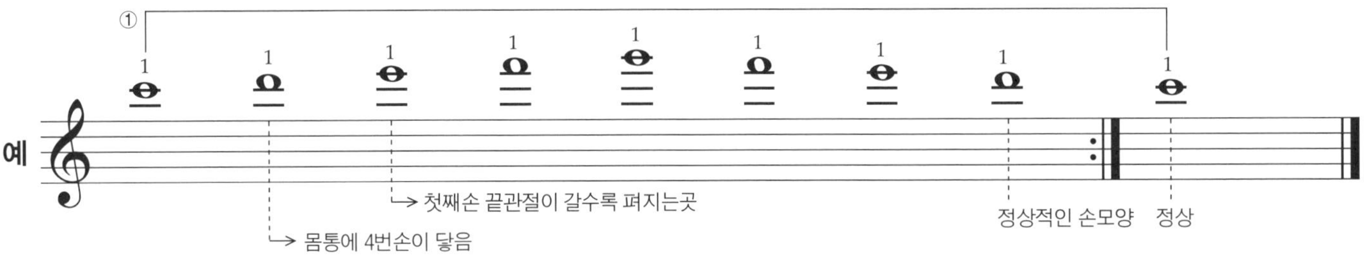

▶ im교대

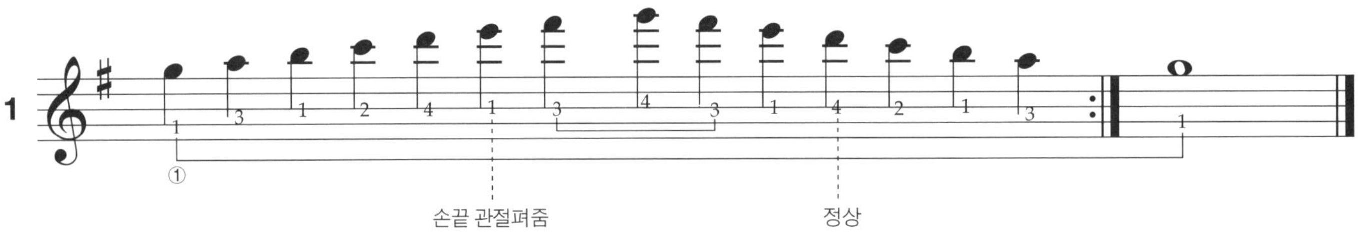

모데라토

Moderato

파가니니(N. Paganini)
(1782~1840 이)

아비뇽의 다리위에서

Sur le pont d'Avignon

쉬흐 르 뽕 다비뇽

French folk song
Arr. for Guitar by B. H. Heo

Allegretto

안단티노

Andantino

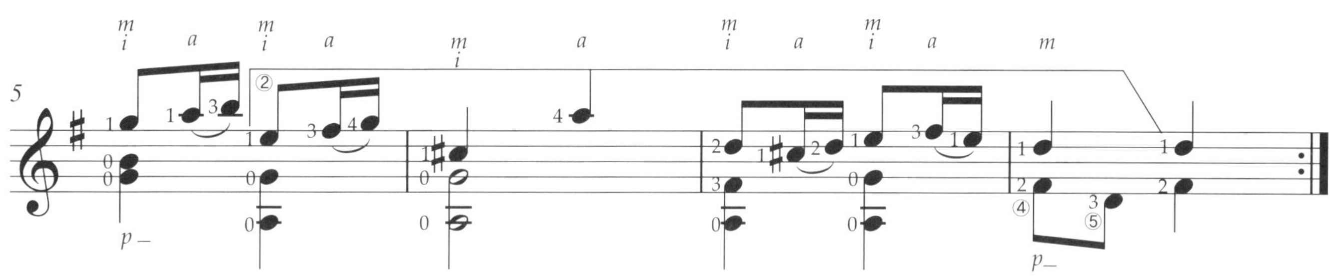

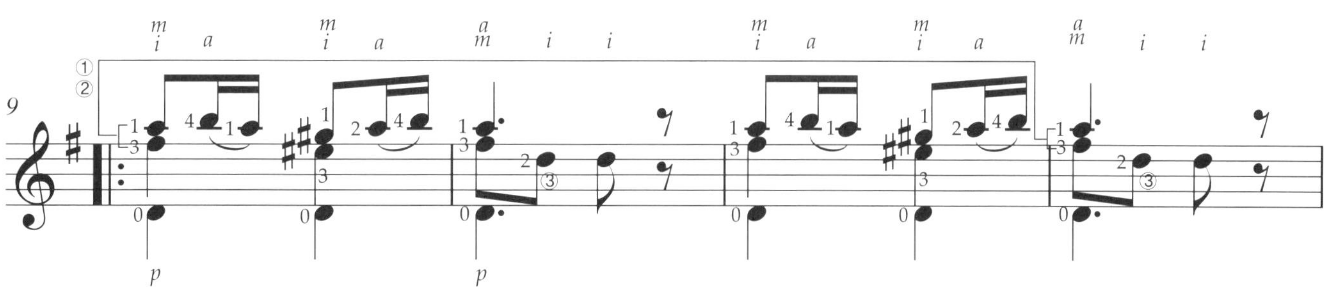

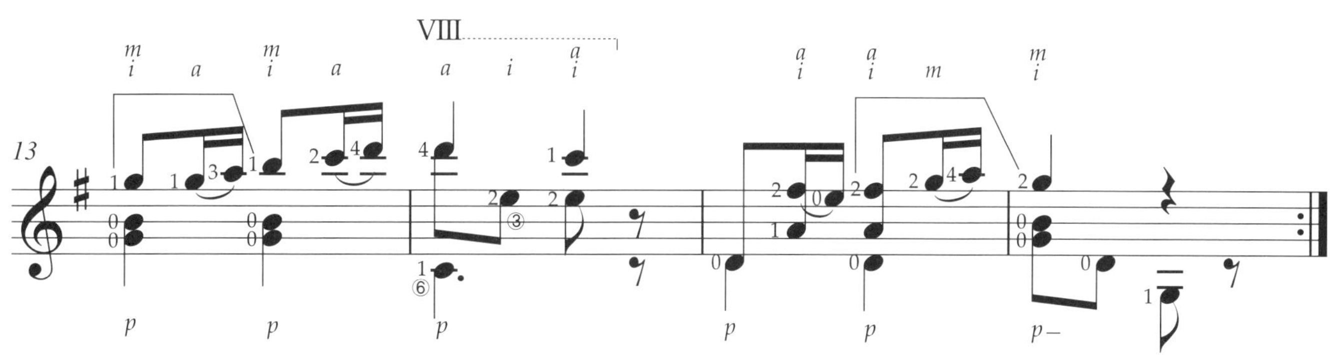

반달

A half moon
어 하프 문

Geuk yeong Yun
Arr. for Guitar by B. H. Heo

Moderato

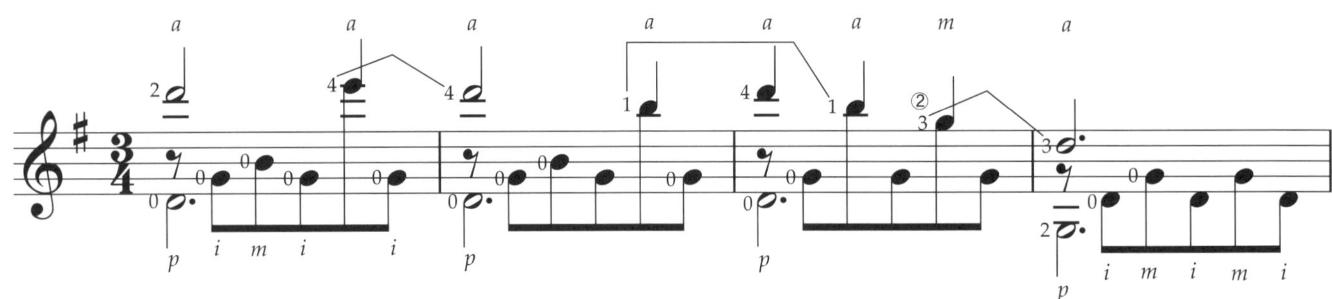

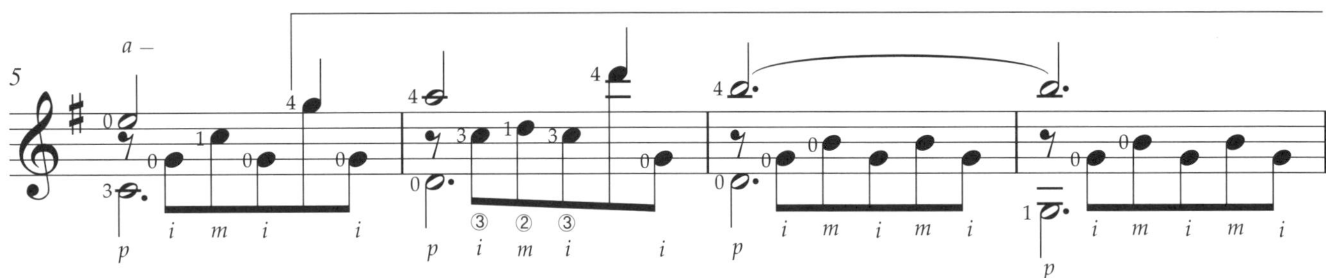

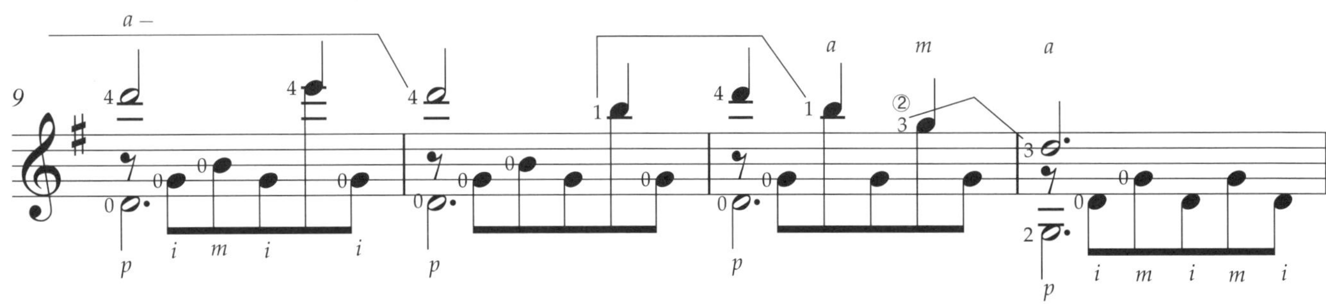

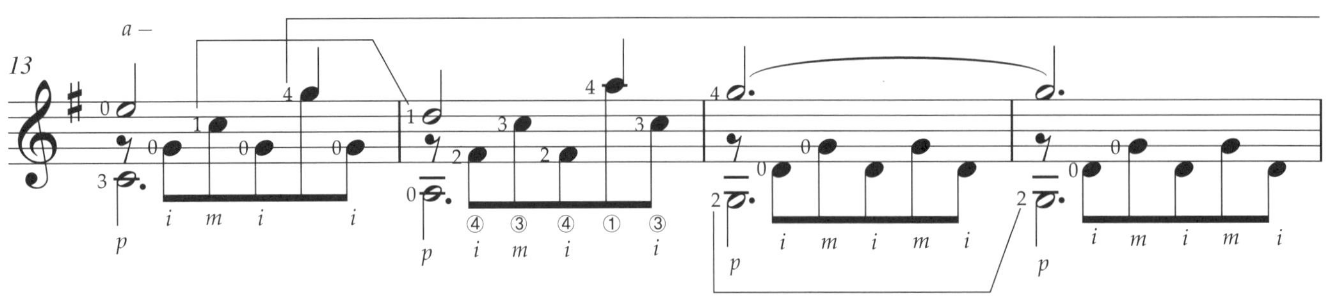

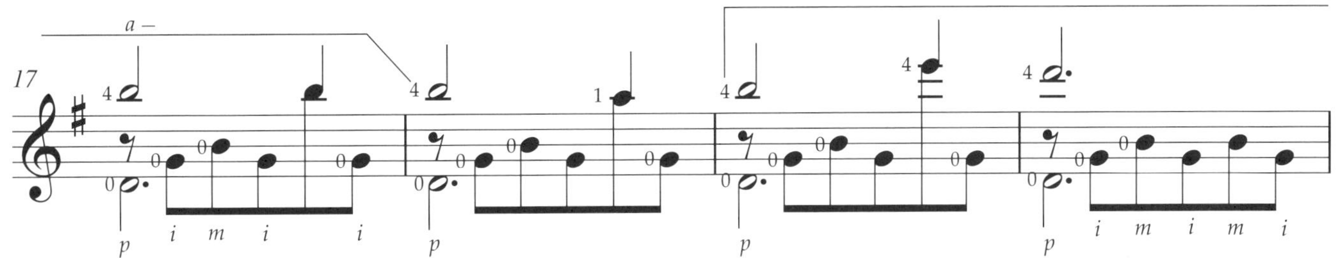

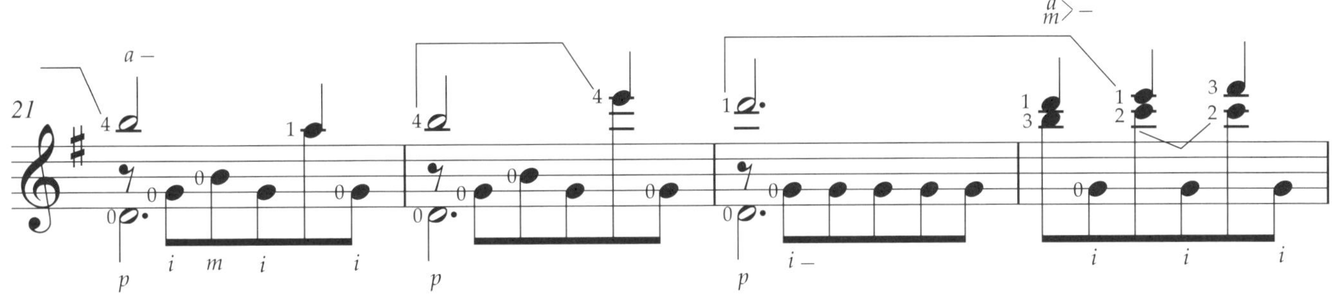

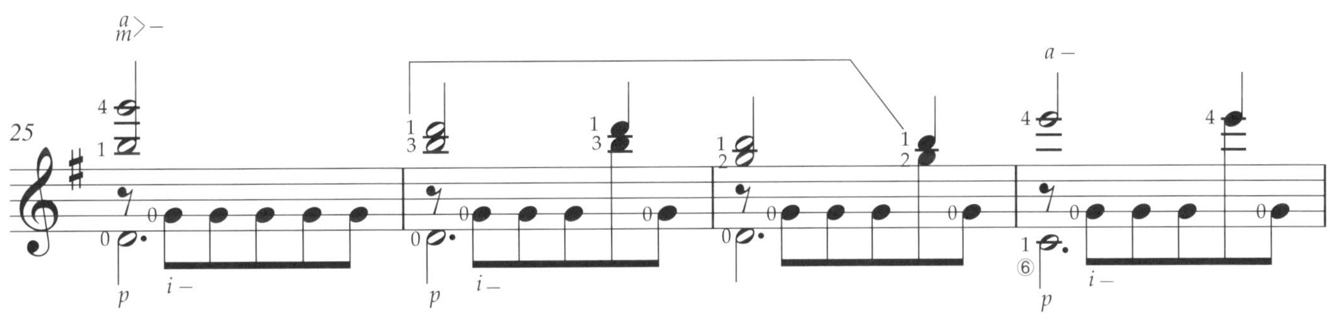

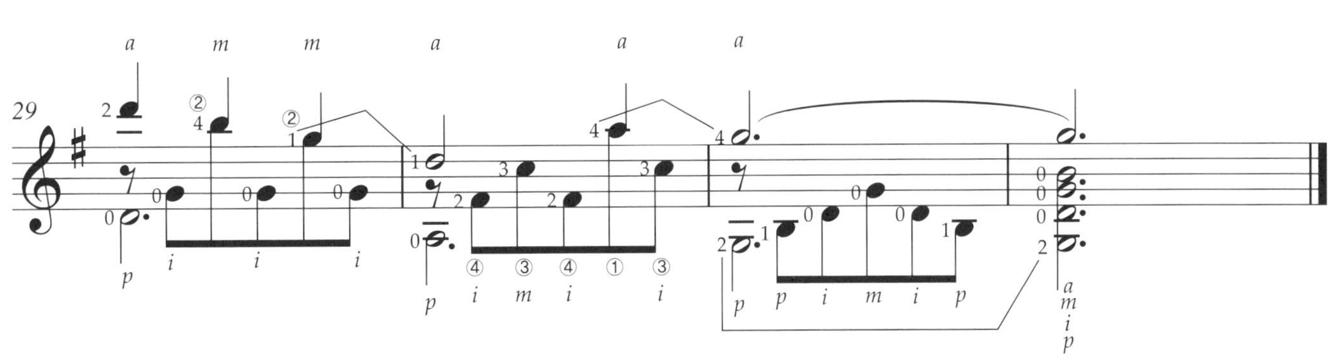

발스

Vals

D. Fortea

Allegretto

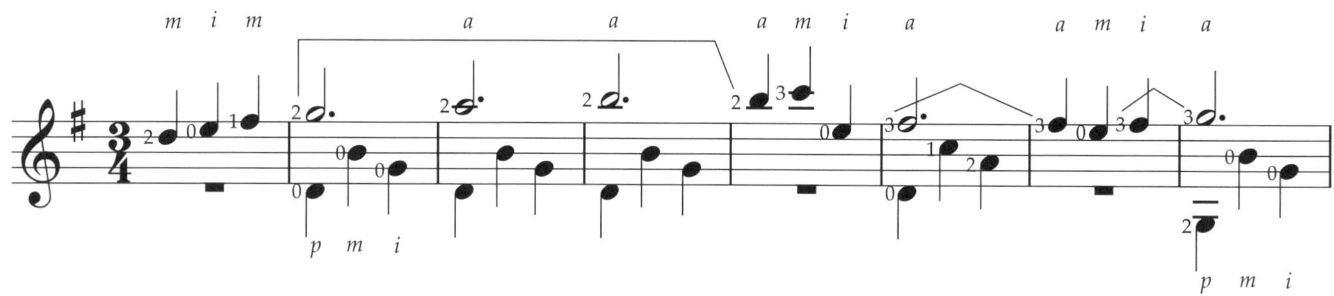

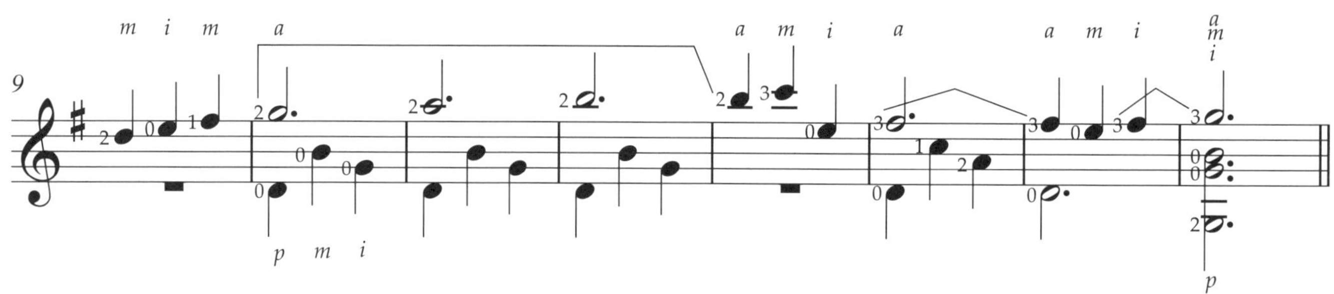

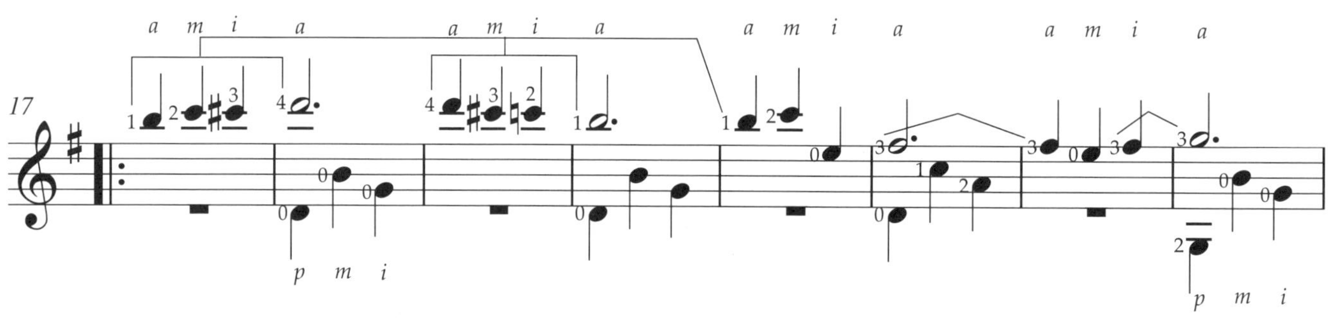

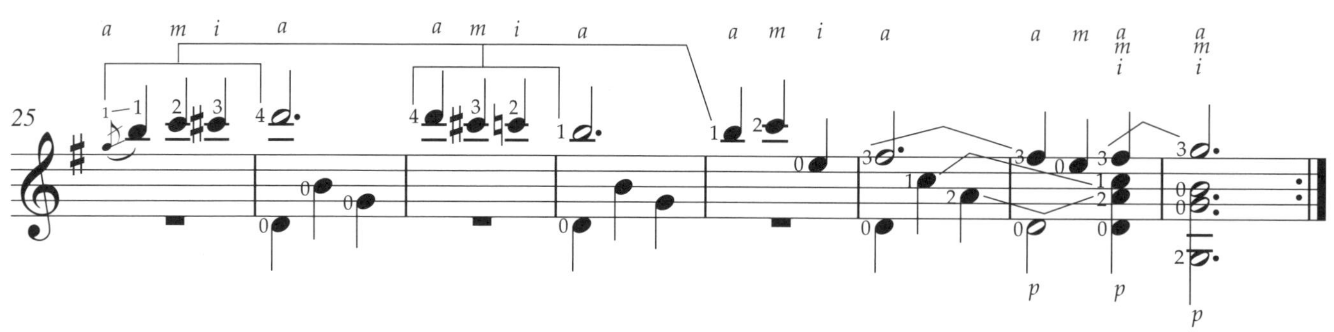

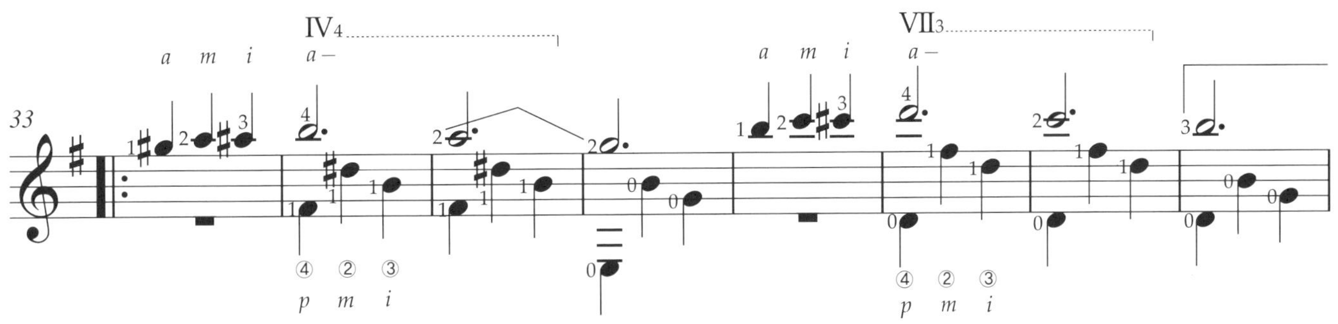

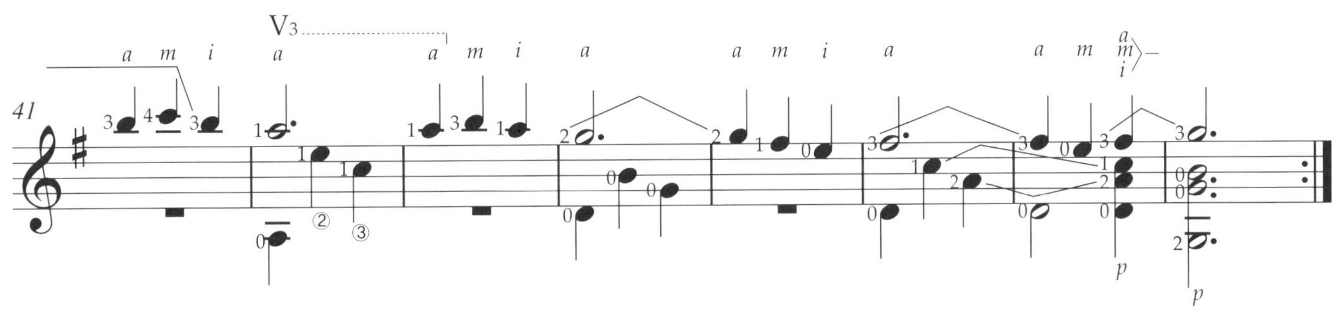

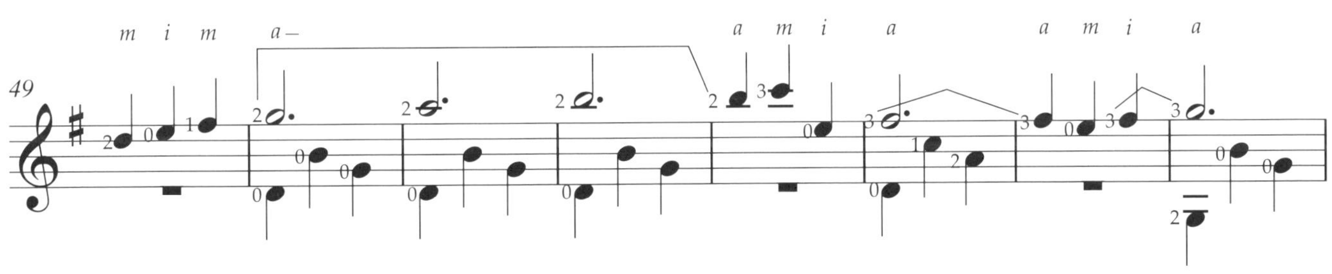

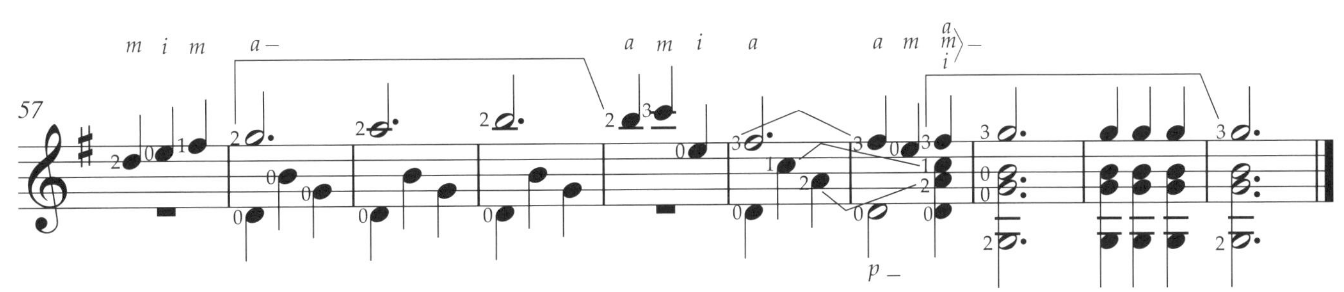

◪ **과수원 길** – 김공선

동요작곡가. KBS학교방송 〈노래공부〉 프로에서 가창지도(153회)를 맡으며 동요작곡 활동. 1961년 서울시 교육위원회 음악담당 장학사. 서울사대부속초등학교장 정년퇴임.

주요곡 – 「냇물」, 「나무야」, 「과수원 길」 등.

◪ **론도2중주** – J. 훼프너(Joseph Küffner 1776(79?)~1856 독일)

초보자를 위한 소품과 교육을 목적으로 쓴 곡들이 많다. 그 중에는 기타2중주, 플루트와 합주, 실내악곡 등이 있다.

◪ **종소리** – Robert. 셔먼(Robert B. Sherman 1925~ 미국)과 Richard. 셔먼(Richard M. Sherman 1928~ 미국)

셔먼 형제가 공동으로 만든 이 곡은 유명한 뮤지컬 영화 메리 포핀스(Mary Popins)에 나오는 곡이다. 원래 곡명은 침 침 치리 Chim Chim Cher-ee로 메리 포핀스에서 굴뚝청소부가 노래한 곡이다.

◪ **모데라토** – F. 소르(José Fernando Macario Sor 1778(80?)~1839 스페인 바르셀로나)

작곡가, 기타리스트. 이탈리아 출신의 M. 줄리아니와 함께 기타의 황금시대 정점에서 활약했던 위대한 기타음악가로 많은 환상곡, 변주곡, 소나타, 교향곡, 오페라, 발레, 칸타타 등 규모가 큰 작품활동을 하였고, 또한 동시대에 가장 유명한 기타걸작들을 창작하였다. 특히 소르는 기타를 학습하는 사람들이 필히 연구하고 연주하지 않으면 안될 훌륭한 교육적 작품과 많은 명작들을 남긴 고전파기타음악의 대표적 작곡가이다.

◪ **안단티노** – N. 코스트(Napoléon Coste 1806~1883 프랑스 도프)

기타리스트. 작곡가, 모친의 영향을 받아 어려서부터 기타를 수업. 18세부터 연주, 교수 활동. 1830년 파리에 이주. D. 아구아도, M. 카르카시, F. 소르 등 대가들과 교류. 1856년 작곡 콩쿨에 나가 2등을 수상〈1등은 J. K. 메르츠가 수상(1806~1856 헝가리)〉, 작품번호 38의 25연습곡이 두드러진다.

◪ **스카보로의 추억**(Scaborough Fair)

중세부터 전해온 영국의 민요. 1966년 사이몬과 가펑클이 'Parsley, Sage, Rosemery & Thyme' 라는 앨범을 통해 발표하면서 세계적으로 알려지게 되었다. 1967년 졸업 'The Graduate' 라는 영화 주제곡으로 사용되면서 이후 수많은 가수들에 의해서 리메이크업 되어 끊임없이 불려지고 있는 곡이다. 스카보로는 영국 북부 요오크셔 주에 있는 작은 바닷가 마을이다.

■ **야생화**(Les Fleurs Sauvages 레 플레르 소바쥐) – P. de 세네빌(Paul de Seneville 프랑스)

　　작곡가. 아드린느를 위한 발라드로 국내에도 널리 알려진 세네빌은 1976년 델핀음반사를 이끌던 올리버 뚜썽(Oliver Toussaint)과 공동으로 많은 작품을 남겼다. 우리에게 잘 알려진 곡으로 '첫 발자국'(Le Premier Pas)과 '야생화'가 있다.

■ **위풍당당 행진곡**(Pomo and Circumstance Maches) – E. W. 엘가(Edward William Elgar 1857~1934 영국)

　　영국인들이 각별한 애정 갖는 작곡가. 이 곡의 제목은 셰익스피어의 오델로에서 나온 말이라고 한다. 이 곡은 모두 5곡으로 되어 있는데 흔히 의전 행사에서 자주 연주되곤 하는 제1번 곡이 유명하다. 이 곡은 '희망과 영광의 나라'라고 부르기도 한다.

■ **은파**(Silvery Waves) – A. P. 와이먼(Addison P. Wyman 1832~1872 미국)

　　바이올린 교사를 지냈고 1869년 음악학교를 설립하였다. 은파는 1872년에 작곡되었고 그 밖에도 몇 편의 아름다운 오리지널 작품과 다수의 편곡 작품들을 남겼다.

■ **꿈속의 고향** – A. 드보르작(Antonin Leopold Dvorak 1841~1904 체코슬로바키아)

　　세계적으로 작품 세계를 인정 받은 최초의 보헤미아 작곡가로 알려짐. 이 곡은 그가 미국의 초청으로 미국 체류 중에 쓴 제9번 '신세계 교향곡'의 2악장에 나오는 곡이다. 라르고로 부르는 잉글리시 호른의 노래가 가슴 속 깊게 향수 감을 자아낸다.

■ **에델바이스**(Edelweiss) – R. 로저스(Richard Rodgers 1902~1972 미국)

　　1998년 타임즈가 20세기의 가장 위대한 예술가로 선정한 뮤지컬 작곡가. 에델바이스는 고산식물로 흰 양털 같이 부드러운 털이 많이 난 별 모양의 꽃으로 알프스의 별(Sternder Alpen)이라고도 부르는 오스트리아의 국화다. 이 곡은 1959년 뮤지컬 영화 '사운드 오브 뮤직'에 나오는 주제곡의 하나로 널리 애송되고 있다.

■ **모데라토** – N. 파가니니(Nicolo Paganini 1782. 10. 27~1840. 5. 27. 이탈리아 제노바)

　　19세기 최고의 전설적인 바이올린 연주가. 작곡가. 기타연주가. 5세에 만돌린, 7세에 바이올린, 9세에 바이올린연주회 성공. 1799년 이탈리아 각지 순회연주. 1801년 기타에 몰두. 1828년부터 유럽각지 바이올린 연주. 19세기 최대의 바이올린 연주가로 상찬, 파가니니는 기타연주에서도 카롤리, 소르, 레니아니 등과도 절친할 정도로 뛰어났다. 파가니니는 적지 않은 기타독주곡, 다른 악기와 중주곡, 규모가 큰 기타현악 4중주곡 등을 남겼다.

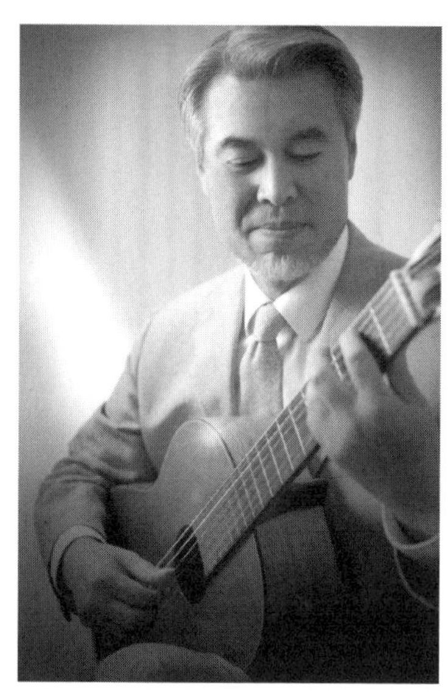

편저자 허병훈 프로필

- 스페인 마드리드 왕립음악원 기타과 장학생, 최우수 성적(sobresaliente) 졸업
- 동음악원 졸업콩쿨 심사위원 만장일치 최고상 (El Premio de Honor) 수상
- 마드리드 UNION MUSICAL 주최 음악학교, Cordoba 시 주최 음악학교 참가.
  Santiago de Compostela 국제음악학교 장학생으로 참가
- 연주가 디플롬, 교수 타이틀(Titulo de Profesor), 최고교수 타이틀(Titulo de Profesor Superior) 취득
- 1973년 데뷰독주회, 이후 국내외 순회독주회, 오케스트라와 협연,
  KBS, MBC TV, 라디오 허병훈 콘서트 등 활동
- 마드리드 기타연주가협회 초청 'Ateneo' 독주회, 스페인 문공성 초청 독주회,
  청소년문화회관, 아크로폴리스, 콘서바토리 음악홀, Cuenca, Valladolid 등
  각지에서 초청 독주회
- Cuenca Iberoamerica 국제 기타페스티벌 초청 연주(1984)
- 15회 국제 Pen Music Festival 초청 협연(1987)
- 즐거운 클래식기타 ①～⑧, 기타동요 150곡집 ① ② ③, 기타명곡 컬렉션,
  빌라로보스 기타명곡집, 현대 클래식기타 연주곡집 ① ②,
  기타 연주가를 위한 세계명곡집 ① ② ③, 빌라로보스 기타 연습곡집 등 다수 출판
- 서울대 음대, 서울시립대, 목원대 음대, 서울예고 강사 역임
- 현재 한국기타연주가협회 회장

즐거운 클래식기타4

Classic Guitar Method

발 행 일   2008년 6월 20일 (1판 1쇄)
           2024년 1월 20일 (1판 11쇄)

발 행 인   김두영
편 저 자   허병훈
발 행 처   삼호ETM (http://www.samhoetm.com)
           우편번호 413-120
           경기도 파주시 문발로 175
           마케팅기획부   전화 1577-3588   팩스 (031) 955-3599
           콘텐츠기획개발부   전화 (031) 955-3589   팩스 (031) 955-3598
등   록   2009년 2월 12일 제321-2009-00027호

ISBN   978-89-6721-380-0
           978-89-6721-376-3(전6권)